U0852402

好书精读
Master 15'

商业新闻出版公司和轻松读文化事业有限公司提供内容支持

好创意赚得满桶金

轻松读大师项目部　编

中国盲文出版社

图书在版编目（CIP）数据

好创意赚得满桶金（大字版）/ 轻松读大师项目部编. —北京：中国盲文出版社，2017.4

ISBN 978－7－5002－7780－4

Ⅰ. ①好…　Ⅱ. ①轻…　Ⅲ. ①电子商务—企业管理　Ⅳ. ①F713.36

中国版本图书馆 CIP 数据核字（2017）第 051684 号

本书由轻松读文化事业有限公司授权出版

好创意赚得满桶金

编　　者：轻松读大师项目部
出版发行：中国盲文出版社
社　　址：北京市西城区太平街甲 6 号
邮政编码：100050
印　　刷：北京汇林印务有限公司
经　　销：新华书店
开　　本：787×1092　1/16
字　　数：70 千字
印　　张：11.75
版　　次：2017 年 4 月第 1 版　2017 年 4 月第 1 次印刷
书　　号：ISBN 978－7－5002－7780－4/F·133
定　　价：40.00 元
销售热线：（010）83190289　83190292　83190297

版权所有　侵权必究　　印装错误可随时退换

出版前言

数字文明为我们求知问道、拓展格局带来空前便利，同时也使我们深受信息过剩、知识爆炸的困扰。面对海量信息，闭目塞听、望洋兴叹固非良策，不分主次、照单全收更无可能。时代快速变化，竞争不断升级，要想克服本领恐慌，防止无知而盲、少知而迷，需尽可能将主流社会的最新智力成果内化于心、外化于行，如此才能更好地顺应时代，提高成功概率。为使读者精准快速地把握分散在万千书卷中的新理念、新策略、新创意、新方法，我们组织编写了这套《好书精读丛书》。

这套书旨在帮助读者提高阅读质量和效率。我们依托海内外相关知识服务机构十多年的持续积累，博观约取，从经济管理、创业创新、投资理财、营销创意、人际沟通、名企分析等方面选取数百种与时俱进又经世致用的好书分类整合，凝练出版。它们或传播现代经管新知，或讲授实用营销技巧，或聚焦创新创业，或分析成功者要素组合，真知云集，灼见荟萃。期待这些凝聚着当代经济社会管理创新创意亮点的好书，能为提升您的学识见解和能力建设提供优质有效便捷的阅读资源。

聚焦对最新知识的深度加工和闪光点提炼是这套书的突出特点。每本书集中解读4种主题相关的代表性好书，以“要点整理”“5分钟摘要”“主题看板”“关键词解读”“轻松读大师”等栏目精炼呈现各书核心观点，崇真尚实，化繁为简，您可利用各种碎片化时间在赏心悦目中取其精髓。常读常新，明辨笃行，您一定会悟得更深更透，做得更好更快。

好书不厌百回读，熟读深思子自知。作为精准知识服务的一次尝试，我们期待能帮您开启高效率的阅读。让我们一起成长和超越！

目 录

只要用心去做，什么事都做得到。让创新成真，并非创业路途上唯一的喜悦，或是通往幸福和成功的唯一路径。它只是对有毅力、决心和勇气的追求者一种美好且有回报的经验。

要成功经营网络事业，你就必须专注投入并持续行动，还要有周全的规划。你需要有市场、商品促销方案、目标流量，以及有获利潜力的后续销售系统。你还必须学会测试各种方案，并追踪其成效。

你可以在网上把拥有共同需求但得不到满足的顾客聚在一起，用有用且可获利的产品来满足他们，同时也帮助你改善自己的生活方式。你今天遇到的挑战是如何找到你喜欢的利基市场，并在竞争对手发力前培养一批顾客。

对创业家来说，加盟事业的原型是一个媒介，可以使他的愿景具体成形。对经理人来说，加盟原型提供了最重要的秩序、稳定性以及制度。对技术师而言，加盟原型则让他有空间去做他最热爱的技术层面的工作。而对小型企业的企业主来说，加盟原型则提供了工具，让他终于能平衡发展自己的三种角色，同时创造可行的事业。

好创意不懂怎么卖吗

Invent It，Sell It，Bank It!

Make Your Million-Dollar
Idea into a Reality

原著作者简介

萝莉·格雷纳(Lori Greiner)，多产的生活用品发明家，拥有超过400种产品以及120件美国及国际专利。她以首饰盒一炮走红，在美国QVC购物频道拥有自己的节目“萝莉·格雷纳聪明且独特的创作”，她还受邀担任美国广播公司创业实境秀“鲨鱼池”的投资人。她的产品包括厨房用品、旅行袋、独特的配件及家庭收纳。她同时也是专利权专家，亲自处理从产品概念、制作到营销的所有环节。她还帮助许多创业新手将创意变成产品。2014年，她的《好创意不懂怎么卖吗》一书入选华尔街日报畅销书榜单。

本文编译：乐为良

主要内容

主题看板

别把好点子扔进垃圾桶

如果你想看到自己的发明陈列在商店的货架上，出现在电视上，到达人们的手中，或者进入家庭，你就必须开发其他能力。

美国一项数据显示，在所有申请专利的项目中，只有1%真的变成商品上市，因此而致富的人更是微乎其微。但这还是会发生——萝莉·格雷纳在她的创业历程中开发了超过400种产品，拥有120件专利，实现逾5亿美元的销售业绩。现在她将从无到有的创业经验，提供给有心靠自己的发明获得成功的创业者参考。

萝莉同时也在美国广播公司创业实境秀“鲨鱼池”节目中扮演“鲨鱼”投资人。这是一个募资平台，萝莉在节目中和其他“鲨鱼”投资人一起，聆听怀抱梦想前来的创业者推销他们的点子，决定是否投资以及以什么样的条件投资。

你的创业计划是否可行

与其他“鲨鱼”相比，萝莉以温情著称，即使面对很不成熟的创业点子，她仍旧给予最大尊重。因为她在他们身上看见了自己，她很清楚一句重话可能造成的后果。她态度温和，眼光却很犀利，她的评价总是一语中的。

有好点子不代表就能成功，从创意到创业是一条艰辛的道路。用通俗一点的说法，你得靠天时地利人和，以及不断的努力。在成功开发出第一项产品之前，萝莉也只拥有一个很棒的点子以及孜孜不倦的工作态度，对于如何让市场接受产品她毫无概念。

有别于其他事业有成的“鲨鱼”，萝莉完全靠自学。她抱持的信念是：没有人比你更在乎你的产品。1996 年她开发的第一个产品——首饰盒，原本只是为了解决自己的问题。她没有商业背景，也没有雄厚资金。为了赶在年底送礼季节上市，她在短短4个月内硬是学会了商业运作、生产制造、筹资、申请专利，并在21天里跑了19个城市，而且当时互联网并不如现在普及。这一切努力为她打下深厚功底。

你必须为自己的生命负责

努力是成功的基石。萝莉对每个创业新手的忠告是：只要你努力，什么都有可能实现。当你自行创业，你就选择了不一样的道路。你得全年无休，就算去度假，你仍要随时待命。

此外，你的成功有多大或能持续多久，和你一路走来与他人建立的关系息息相关。除了把时间花在产品上，你也要将时间投资在人身上。从工作的角度来说，你必须让其他人觉得自己也是团队的一分子；从产品的角度来说，你的产品必须帮助人们解决问题。

萝莉深信，只要你相信自己的产品及你所做的事情，那么其他人就会跟随你。这种态度帮助她从发明者变身为成功的企业家。如今通过本文，她希望有更多发明者以她为借鉴，让点子成真，让自己成为自己的老板，赚到第一桶金，实现财务自由。

5分钟摘要

让梦想成真

在真正开始之前，好好认清自己至关重要。

现在是把你的点子成功变成商品和事业的千载难逢的时机。通过网络，每个人都可以取得所需的工具和资源，将产品推向市场。

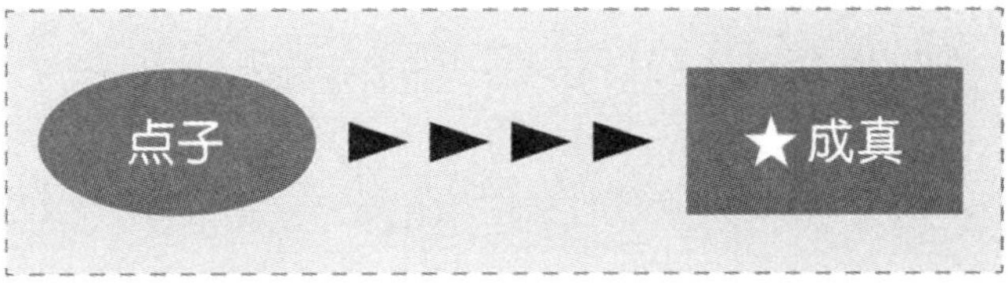

研究显示，成功发明的种子往往源于发明者的人格特质，早在他想出聪明点子，凭借完美的时机和努力工作让点子成金之前就存在。要把你的点子成功变成商品，你真正需要的是：

◎热情——让梦想成真，而不是被动等待。

◎信心——相信自己并有足够的进取心，不去理会怀疑论者及消极反对者。

◎干劲和决心。

◎管理能力——你需要一个团队让点子成真。

◎自给自足和独立性——独立思考、独立工作的能力。

◎魅力和演技——让别人对你做出来的真实物品感到兴奋。

◎完善的蓝图。

如果你拥有以上条件，并准备比以往付出更多努力，你就会找到所需要的资金和方法来实现你的点子。开发成功的产品一直都是边做边学。想摘天上的星星就要勇于冒险并且乐在其中。

关键思维

◆我可以替你指引道路，但那些根本要件——动力、决心和十足的激情，必须由你供给。你内心有热情吗？好！做一名成功的发明者需要付出的努力比你想象的要多，但回报也更大。你唯一的遗憾是没有更早开始。

◆聪明的点子并不保证一定能成为成功的发明。一个成功的发明是聪明的点子，加上惊人的毅力和韧性，以及愿意探索、不怕失败的勇气的神奇组合。

——萝莉·格雷纳

一　确认点子是否可行

挑战你的点子的可行性，确认它实际而且可行。

要知道你的点子是否是个制胜的好点子，你必须回答以下九个问题：

（1）你的产品是什么——如果不能用一两句话说清楚你要提供什么，可以帮助谁，你就可能还没找到足够强大的愿景。愿景明确后，便可找出一个适合它的名称。

（2）你的产品真能解决问题吗——伟大的发明能解决恼人的问题。厘清你想解决的问题是什么，对顾客有什么意义。

（3）它是否很特别——你可以成功改进市场上已经存在的东西，或是开发全新的产品。虽然做出改良产品可以获利，但你可能发现多数赞助者想找的是颠覆游戏规则的产品——不仅要创新，而且要与众不同。

（4）它是否是人们想要或需要的东西——最成功的发明既实用，又能让必要的工作变得更轻松。发明者的终极目标，就是要做出人们一用便觉得神奇，然后再也少不了的东西。尝试创造一些东西以满足人们的购买需求，而不是他们渴望拥有的。

（5）它能展示吗——好的产品总是能自我推销，人们一看到就想拥有。你可以之后再准备其他营销素材，但如果你能提供一个实际可见的产品，会更容易推销。

（6）你要如何生产制造——你要有些初步的想法：产品用什么制造，做这种产品的工厂在哪里，你的制造成本大约要多少，等等。此外，你也必须想想谁可以帮你销售未来的产品。得出大概的数字，一起估算。

（7）谁是你的目标市场——能赚钱的产品大

多存在于大众消费市场，而不是在利基市场。如果你可以开发具有广泛吸引力的产品，你自然比较有机会大卖特卖。即使你只想卖给利基市场，也要想想多快才能打进更大的市场。

（8）你的产品是否足够安全——如果你想进军儿童市场，这点尤其必要，但它同样适用于更广泛的市场。你必须考虑是否会出现产品责任问题。从这个角度来看，食物是有风险的，其他如运动饮料、婴儿配方奶粉及使用电池的产品也是。

（9）你的产品是否是消耗品——耐用品很不错，但这类产品多半卖一次就没下文了。如果你能做出必须不断更换的消耗品，那你就有了一个很好的点子。开发好的消耗性产品，就等于拥有源源不断的收入。

提出这九个“不成功便成仁”的问题，就是要在投入时间和资源前，淘汰差劲的点子。请记住，即使你对这些问题的回答是肯定的，也不能保证你会马到成功。这只是表示你可以继续往下走，如此而已。

二　做出产品原型

做出产品原型或实物模型，让人们看得见摸得着。

产品原型的妙处在于可以让买家的反应从“产品很不错”变成更为积极的“要多久才能得到这个产品”。更重要的是，产品原型会帮助你更快开发产品，也使你更专注于必要的功能。

因此，你应该尽快试着做出产品原型或实物模型。创业者坚信每个人都会需要也会购买他们的产品。让潜在买家拿到原型并且观察他们的反应，创业者可以适度调整自己的期望。

每个大城市都有许多原型制作商、定做厂家或专做一次性原型的公司。在你的城市用Google搜索“原型”就能找到他们。这些厂家大多专精于某种材料。也有些厂商会使用3D打印机，能够用各种不同材料快速做出原型。

找到可以替你制作实物模型的原型制造商，要求它们签下保密协议，让它们开始工作从而使你的点子成真。设法货比三家并找到最优惠的价格，要保证品质并且按期完工，这将是你的首要考量。

但别忘了，在制作原型的同时，还有很多其他事要做。你可以做一份问卷，列出人们看到你的原型后，你想问他们的问题。你还可以把一些试用品送给大型零售商的采购员，并着手撰写商业计划，想清楚如何让一切水到渠成。不要坐着干等，以为做出原型前无事可做。事情并非如此。

关键思维

我创造或投资解决问题方案的依据是我自己的亲身经历。我试图做出让人们生活更方便、更美好的产品。我不会销售自己不想使用的东西，你也不该如此。人们很容易看出产品的设计者是发明者还是只想捞钱的人。当设计者的心里最先考虑到的是赚钱而不是提供服务、价值或品质时，你一下就可以分辨出来。

——萝莉·格雷纳

三 找出利基市场

研究你将进军的利基市场，并预估一下定价。

发明者对于正在开发的东西必定充满热情。要避免冲昏头脑做出愚蠢的事情，你必须一开始就好好地考察现实状况。在量产之前，先做些可靠的市场调查。设法了解三件事情：

（1）你的竞争对手是谁——分析他们提供的产品，特别是他们在生产制造上的安排和营销策略。

（2）整体经济状况如何——人们是否感觉物价高或商业信心指数低？

（3）你该进军哪一部分市场——谁会喜欢你的发明并马上认同产品的好处？

此时你实际在做的是试着取得准确的反馈，

了解哪个细分市场是你的滩头堡以及顾客们在想什么。你有几种方法可以收集这方面的资料：

◎你可以搜索社交媒体上人们对竞争对手产品的看法。

◎你可以作一些简单便宜的网上调查，估算有多少人会对你的产品感兴趣。

◎你可以在公众筹资平台上发布你的产品和你的故事，看看会有什么样的订单进来。

◎你可以与人当面交谈，问他们在使用你的产品原型或实物模型时有什么想法。

在试着找出最初的利基市场时，你也必须考虑如何替产品定价。定价是件棘手的事，但做好它至关重要。要知道发明者很容易在产品上搞太多噱头，后来却发现这造成产品定价高于市场水平。务必避免这种新手错误。要有好的定价指标，真的只需做三件事：

（1）算出真实成本——制作和分销产品要花多少钱。先算出生产成本，再加上运输费用、给批发商的利润、给零售商的利润和自己的利润，估算出产品可能的零售价位。

（2）调查你的竞争对手——并确定自己是否应以高于或低于他们的价位进入市场。用直接比较的方法，试着预测消费者将如何看待你的产品。

（3）听从你的直觉——思考解决这个问题对一般消费者有什么价值，他们的需要有多么迫切，什么样的价位能说服他们采取行动。当你的直觉价格与目标售价大致相近时，就差不多算出来了。

重点在于今天的市场研究要做得好并不一定要花钱很多。你可以利用几种现成的网络工具，得到令人意外但实实在在的信息。既使你做错了，你也知道以后该如何改善。

四　为点子筹资

撰写你的商业计划，开始筹集需要的资金。

要用简单的方式取得资金，你就必须做出一份可靠且务实的商业计划。它必须是一份单独的文件，向潜在投资者说明你目前在做什么，以及打算如何做到你想做的事。商业计划各有不同，但对于一项产品，你通常需要纳入以下项目（见下页图）：

在大部分项目上，你只需要一两段话就够了。需要用到一两页篇幅的项目则是你的销售预测、运营成本、上市以及第一阶段的做法，还有你的财务状况。你的商业计划不一定要说服投资者，但应该告诉他们你的关键假设及目标。在你的商业计划中，必须列出为意外支出所编列的预算，例如：

◎为了让产品稳妥上市，需要对原型作些修正。

◎运输成本高于预估。

◎因遵守法规而产生的费用。

◎用来解决瑕疵的重新设计费用。

◎营销超支。

商业计划

- 内容提要
- 公司简介
- 市场介绍
- 产品说明
- 制造或采购计划
- 销售策略
- 产品功效计划
- 营销及公关活动
- 管理团队
- 专利和/或注册商标
- 销售预测
- 运营成本
- 5 年财务预测报表
- 损益平衡分析
- 上市、库存和第一阶段
- 融资——股票发行及/或贷款
- 投资机会说明

你要在预算中编列5%～10%的费用用以处理这些突发情况，这样才能在问题出现时立刻有资金处理，而不用再回头向投资者伸手。撰写商业计划时还会出现的另一个问题就是估价——你认为你的事业值多少钱？这很重要，因为它会决定你愿意为确保资金而让出多少股票。

创投者经常使用的估算价值的方法是：公司的价值是自由现金流的5倍。他们预期公司要带进足够的多余现金，在5年内偿还初期投资。他们寻求机会，在这个时间范围内收回本钱，因此他们会从那个时间点起，倒推出一个适合的估价。

做好商业计划后，便该去募集需要的资金，让梦想成真。最有可能的资金来源包括：

◎自有资金。

◎家人和朋友。

◎向银行借商业贷款或信用额度。

◎政府公营的小型企业管理机构贷款。

◎创投公司。

◎公众筹资——可以是捐赠或股权持有。还有混合型的公众筹资网站，混合了捐赠和股权持有。

◎政府补助——来自中央或地方政府。

◎电视直销公司——有时会资助新产品，以取得独家销售权。

◎提供现金奖励的竞赛，而且通常有当地商业人士进行指导。

重点是市面上有许多可能的资金来源，你可以用你的方法获取所需资金让产品上市。做好功课，找出每种筹资方法的利弊，然后从你最想要的资金来源开始，依清单逐步尝试。要不屈不挠，还要有创意。

关键思维

◆只要用心去做，什么事都做得到。让创新成真，并非创业路途上唯一的喜悦，或是通往幸福和成功的唯一路径。它只是对有毅力、决心和勇气的追求者一种美好且有回报的经验。

◆估算一家公司的价值时，我要注意哪些事？我会先看产品或点子，同时看它是否独特而有趣。我觉得它的卖相好吗？我能否帮它进行营销？如果能的话，我要看创业者的制造成本，以确认该产品能否卖个好价钱，吸引人们购买。如果这个答案也是肯定的，我会想想我所有的分销渠道（例如 QVC 购物频道、百货公司、Bed Bath & Beyond、沃尔玛、好市多、药妆店、杂货店等等），以及每个渠道可以出多少货。如果看起来一年内产生的利润能高于投资，我大概就会加入。

——萝莉·格雷纳

五　替点子取得专利

决定你需要哪种形式的知识产权保护。

如果可能的话，帮你的新产品申请专利通常很值得。取得专利有三大好处：

（1）专利给你提供知识产权保护——是防止仿冒的第一道防线。但要记住，在美国授予专利是看谁先申请，因此你得尽快，否则你的发明就有被人抢先一步的风险。

（2）申请专利强迫你做好应做的调查工作——你必须弄清楚是否有人已经做了你打算做的事情。这些工作是有意义的，因为它会迫使你找出所有可能适用的既有技术，以及你是否无意中侵犯了别人的专利。很显然，这有助于厘清权利。

（3）投资人爱专利——你拥有专利或正在申

请专利的事实，将会使你获得更大的投资机会。专利是企业资产，当你拥有一项或多项专利时，便更容易找到投资伙伴。

申请专利的初始成本大概为2500～15000美元，取决于你自己完成多少程序。要降低成本，可找收费较低的年轻律师，替你做初步的搜索与申请准备工作。仔细准备自己的专利申请是做得到的，但要记住这会占用一些时间。在许多情况下，聘请经验丰富的专利律师是值得的。

在美国获得专利有以下五个基本步骤：

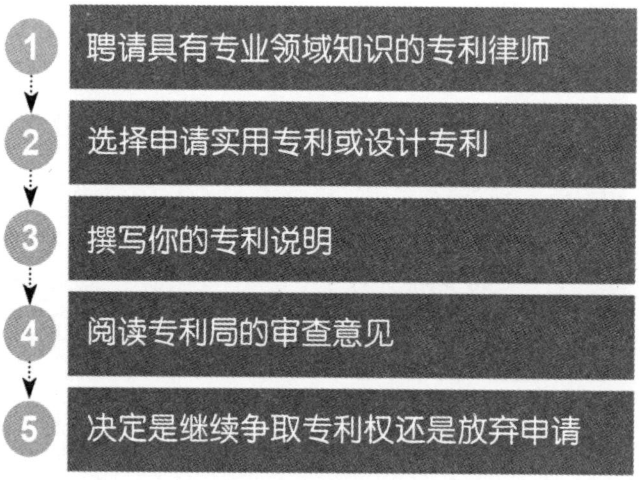

实用专利可以保护产品的功能，并说明实际

使用的原理。如果你申请的是实用专利，如何撰写你的说明书就非常重要，因为它决定了你的专利保护范围。

与之相比，设计专利保护的是产品的外观。审查员仅看其与现有设计的相似度，因此较容易通过。缺点是它提供的保护较少，而且仿冒者用几个变通的方法就能轻易规避。

如果不能申请专利，就考虑替你的品牌、商标、设计，甚至广告用语申请商标保护。申请费用也便宜多了——一件通常在 1000 美元左右。

如果你不申请专利或商标，那你就应该计划猛攻市场。让你的产品最先上市，分销商愈多愈好，迅速而果敢地攻占市场，将你拥有的先发优势发挥到极限。

六　学会推销

帮你的点子整理出无懈可击的推销法，并开始找适当的人谈谈。

对新产品的完美推销文案进行分析后可以发现，它具有以下特点：

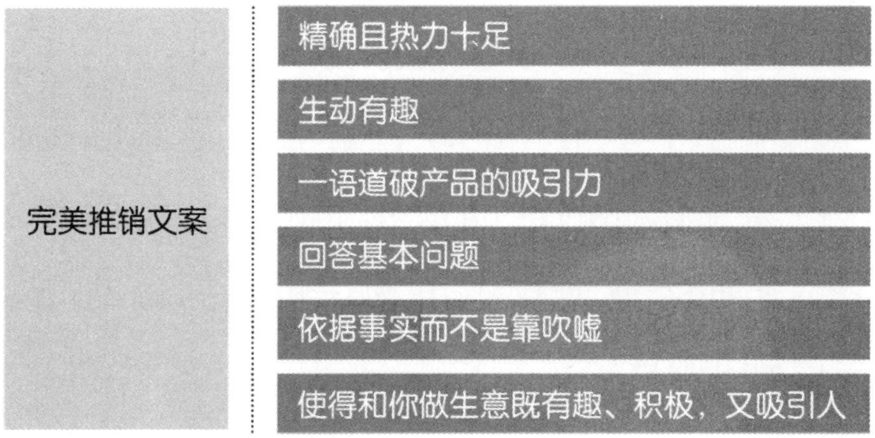

(1) 它必须精确且热力十足——你要掌握重点，以斩钉截铁的语气突显产品的三大卖点。你要让采购商可以一眼就明了大概。

（2）你的推销说明要生动有趣——采购商每天都在听人推销。要大卖，你就要与众不同，要让人们对你的说明印象深刻。你必须尽力做好练习。要生动，做些有趣的事，要稀奇古怪和出人意料。无论如何，如果你能让采购商提出问题，你就成功了一半。

（3）一语道破产品的吸引力——然后说明为什么消费者少不了它，好的推销用语具有感染力。采购商了解他们的客户，如果他们能看到你要提供的好处，那么你的产品将会让他们印象深刻。明白表现出你热爱你的产品，以及你能为买家做到的事情。

（4）完美的推销文案可以回答每个买家必然会提出的问题：

◎成本要多少？

◎生产地与交货期？

◎有哪些颜色可选择？

◎与竞争商品相比表现如何？

◎如何包装？能直接送交客户吗？

◎有专利吗？

◎你如何支持你的产品诉求？

（5）好的推销依据的是事实而不是靠吹嘘。简单来说，不要企图以虚假信息来说服买家。你要有确凿证据证明你的产品名副其实，且以生动、让人信服的方式传达该信息。

（6）你的推销应该使得和你做生意既有趣、积极，又难以抗拒。你的推销可以提高你的成功机会，如果你留意以下的建议：

◎穿得像成功人士。以专业的穿着表明你认真且尊重采购商。

◎虽然你想说的很多，但仍要用心聆听。认真倾听采购商谈他的经验和建议。

◎与销售代表和分销商分享荣誉，他们就会做所有必要的后续工作。

◎妥善准备——确保你的推销不会被受损的原型或无效的道具削弱。要做就要做对，不然就别做。

◎为你想做到的事，预先设好一些目标。要认识到你不可能马上与全国大型连锁店签下数百万美元的合约，因此准备好从小处做起，从一个试卖店开始逐步增加。

◎尽力传递以下信息：

——你有一个消费者喜爱的全新产品。

——这是个令人兴奋的产品。

——与你合作轻松愉快。

——你做事周全而且快速。

——你会说到做到。

关键思维

生命是一种回声，送出什么就传回什么。

——吉格·金克拉，励志大师

推销对产品成功的重要性，再怎么夸大也不为过。在许多时候，它决定你发明的成败。如果你曾经看过美国电视节目“鲨鱼池”，便可看出创业者把每个手势、每句话、每个笑话都排练过无数次。所以他们上节目时，都可以倒背如流地推销他们的产品。即使你从未在全国电视节目上展示你的产品，你也应该练好每句推销话语，就像你要上电视一样。你一走进买家的办公室，就要有最好的推销表现。

——萝莉·格雷纳

七　制造与包装

想清楚你要在哪里制造产品，以及它需要如何包装。

选择制造商需要做大量的调查工作。通常你要决定是在本国还是海外制造。这两种方式各有优缺点，但也可以将它们组合起来——在海外生产最费时或昂贵的组件，然后在本国组装。寻找合同制造商很简单：

◎你研究什么样的工厂制造你这类产品，它们位于何处。

◎你打电话给这些工厂，要求它们提供参考资料和相关信息。

◎你亲自拜访你最喜欢的几家工厂，看看有什么选择。

◎一旦挑出最好的工厂，你就可以直接谈判

价格及条件，或是聘请制造商代表替你做这件事。

开始制造之后，你的工作就是做好质量管理。多数时候，这需要聘请一个检查小组，随机抽检生产线上的半成品。你要根据这些检验结果，要求制造商解决任何突发问题。

包装是另一件你必须完全掌控的重要事项。妥当安排包装的常见方法是：

◎聘请优秀的平面设计师。有些人则是尝试采用外包方式，或是使用类似 DesignCrowd 外包平台的服务。

◎以大致相同的方式聘请摄影师。

◎让平面设计师和摄影师了解你心目中的最终产品应该是什么模样。与他们一起工作，直到做出精美绝伦的包装设计。

◎找一家可以合作的印刷厂，请它做出样品，直到完全符合你的要求。接下来就只剩下根据需要大量印刷包装。

同时请记住，如果你是在网络或电视上销售，那么包装的可运送性要比包装对营销的帮助更重要。如果你的包装是放在店内销售，不要忘了制作一份给零售商的手册，概述产品的包装、运输和标签要求。若是在你的终端用户取货前包装就松开了，那么包装做得再完美和专业也完全没有用处。把小事做对，最后结果才会更出色。

八　推动业务

你的工作就是解决问题和建立人脉关系。

生产线开工后，你可能认为这下可以坐享其成了。那你就错了。很多问题将接踵而至，而你的角色也从超级销售员变成问题解决者。

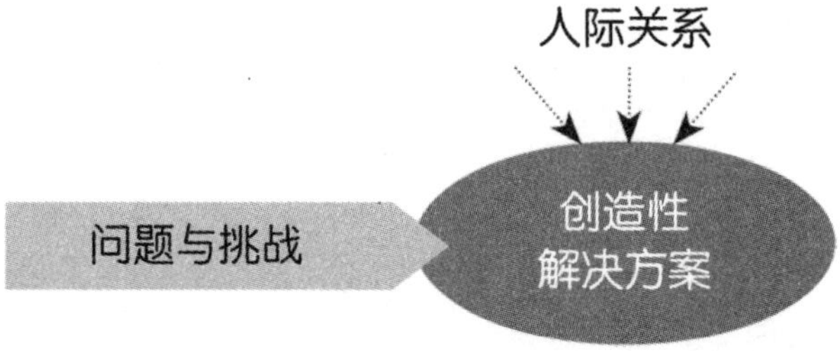

推动业务和解决即将浮现的问题的最好办法就是与一个人脉网建立关系，让他们觉得自己和你团队成员一样受重视。你要在对他们有所要求之前，做好与他们建立关系的基本工作。

当你花时间与供应商和其他人建立关系后，

你就有权请求他们给予你优惠待遇，尤其是当你拿到特殊订单或出现问题时。你可以要求他们赶工，并让他们知道你在未来会有所回报。支持你生意的人愈多愈好。

突然出现问题时，要积极主动地应对。先坐下来检视发生了什么事，然后向顾问请教，听取他们的建议。如果你已经建立好长期关系，就会有很多人替你撑腰。建立人脉关系的建议包括：

◎待人礼貌周到——即使他们并不真的位高权重。你要结识幕后工作者，并赞扬他们的贡献。尊重他们，他们就会乐于回报你，帮你渡过难关。

◎时时面对问题和迎接挑战——动员每个人共同思考解决方案，而不是逃避问题，希望问题自动消失。

◎要抱持事情总是会有进展的心态——务必突破窠臼，积极向你的人脉网求助。

关键思维

任何创业者或商业人士都做得到的一件最重要的事，就是去了解与你一起工作的人。真正这么做的人少得惊人。我想这是因为认识一个人——知道他有几个孩子、周末喜欢做什么、支持什么球队，需要投入时间。时间就是金钱，花时间谈论是表皮厚硬的芝加哥比萨还是纽约流行的薄皮比萨更好吃，可能跟你最关切的业务毫无关系。但这是值得的，而且也许是最好的投资。

——萝莉·格雷纳

九　上节目推销

除了一般销售渠道外，你还要努力把产品直接卖给消费者。

今天对发明者最有利的事情之一，就是可以通过网络把产品直接卖给消费者。过去几代创业者都只能通过批发商和零售商拓展业务。现在你可以上电视、通过自己的网站、网络零售商或社交媒体卖东西。电视购物网络规模庞大，通过它们销售的优势也相当诱人：

◎庞大的覆盖率——仅在美国就有约1亿个家庭收看此类节目。

◎即时销售——6～8分钟可能卖出数千件商品。

◎免费广告与市场研究——人们更熟悉你的品牌，走进实体商店也更容易购买。

◎即时客户反应——什么卖得动什么卖不动，一目了然。

那么，你要如何打进电视购物网呢？就像任何商品一样，你必须向采购员推销，并且说服他你的产品前景乐观。如果你有一个好产品可以在摄像机前展示，你再注入热情和色彩，电视采购员就会有兴趣。让采购员爱上你的产品，你就已经成功一半了，因为激情和热情可以感染他人。要在QVC或家庭购物网这种电视购物网上成功销售，你必须：

◎找到对的组合——好产品的理想组合，要由合适的代言人展示，并在一天里合适的时间或一周里某个合适的日子出售。做对这些组合，你就会不断受邀上节目。

◎有个每分钟替购物网赚进足够钱的产品——它们会设定你必须达到的目标，下次你才能再得到订单并再上节目。做好准备，每次上节目都要达成销售目标。

◎算好产品上市时间——务必在一年中适当的时间推出应季的产品。

◎随时蓄势待发——电视直播就是这样。你必须做好准备，不论发生什么事都要保持警觉，随时应对。

◎保持最新且吸引人的状况。

能上电视购物网是件好事。如果做对了，几分钟内你便可以赚进大把钞票。你也可以在摄影棚内的现场活动中加进视频，展示产品在现实生活中的功能（它可以做什么）和好处（对顾客有什么意义）。这些真实的现场镜头非常有说服力，会对销售大有帮助。

如果你没有适合电视购物网环境的产品——家居用品、化妆品、珠宝、电子产品或服装，那么还有其他销售渠道可以考虑：

（1）电视购物节目——聪明的做法是找视频制作公司合作。你的收入比例会少一点儿，但这是一个看你的产品是否可以以这种方式销售的机会。

（2）邮寄邮购目录——即使在网络时代，这仍旧是数十亿美元的产业。人们没事就喜欢翻翻目录买东西。联络目录的采购员，就像对待其他采购商一样对他们进行推销。

（3）电子商务——在自己的网站上销售。每笔销售可能带给你最大金额的净利润。你可以聘请设计师替你设计整个网站，或找自由职业者设计。记住，网站建设好后，必须定期更新以保持新鲜度，所以请对此作些安排。也别忘记使用亚马逊（世界上最大的电子商务网站）和 Etsy。交叉促销在网络上很管用——利用社交媒体吸引流量到自己的网站。你必须尽一切可能让人们来到你的网站，这样你就可以说服他们：你提供的正是他们需要的东西。

关键思维

尽管销售渠道各有千秋，但在我看来，对新的发明者而言，没有任何销售渠道比得上 QVC 这类购物节目。上 QVC 节目几分钟，就可以带来遍及全世界的零售机会。此外，它让你与世界级制造商的品牌并驾齐驱，如电子行业的苹果电脑、尼康相机、Bose 音响、Wii 游戏机，化妆品业的倩碧和欧舒丹，时尚界的卡文克莱、Liz、D&B，以及其他数以千计的品牌。每个大品牌都想上 QVC，因为它就是老大。2012 年 QVC 成为一家营收 85 亿美元的零售商，向全球市场出货 1.66 亿件。它的收视观众足以和 Lifetime、Bravo 以及 A&E 之类的主流电视网相比，在移动商务的多种零售商中排名第二，仅次于亚马逊。

——萝莉·格雷纳

十 使用社交媒体

充分利用社交媒体，将你的信息散布到市场上。

善用社交媒体的关键不是一直推销——那很快就会变得很无聊，让人们唯恐避之不及。你该混合运用各种手段——讲一些有趣的故事，然后贴上一张有趣的照片，只能偶尔提到你有东西要卖。缤纷、幽默而真实，是强大而诱人的组合。社交媒体可以替你造势。

可以把你的官网比喻成你的精彩花絮——是你张贴最厉害、最成功的点子的地方。你要用社交媒体传播今天发生了什么有趣且新鲜的事。把二者结合起来，你就可以让你的品牌跟上时代，同时持续提醒人们你在他们的生活中扮演的角色。社交媒体也是一个弄清楚你的诉求可行或不可行的最佳途径。如果你的产品能引发共鸣，你就知道这条路走对了。

不同于传统的传播媒体，社交媒体可以让你马上知道顾客在想什么。你可以征询他们的意见并且得到反馈。社交媒体让你和粉丝之间的关系更紧密，也让你对提供他们想要的东西更有信心。

实际上，社交媒体营销能在很大程度上弥补你的传统营销工作。多数消费者购买之前会先上网调查。你要确保他们看到的是个了不起的网站，上面有大量吸引人的素材，以及一大票活跃的粉丝喜爱你做的事。如果做到这些，你就可以促成完美的风暴，让口碑带动你的产品业务向前发展。

关键思维

从来没有一个方式能以更低的成本将信息传播给大众。或许更重要的是，社交媒体向你提供了与受众直接联系的大好方式，让他们觉得亲自参与了你的事业和你的品牌。

——萝莉·格雷纳

十一　持续进行多元化经营

运用第一次学到的经验，开发更多产品。

开发出第一个产品之后，你便可以拓展到更多利基市场。一般来说，你可以扩大原始构想，并制作与原产品不同版本的产品，以适应不同的利基市场。或者你也可以去卖延伸产品和周边配件。重点是你最初的成功会为你的持续发展奠定良好基础。充分利用你的成功，并抓住眼前出现的机会。

关键思维

◆如果你能做出迷人的产品，并以它打造出可持续发展的事业，那你不妨自豪一下。不是所有人都能看到自己的发明变成产品并且打进大众市场，同时体验到自己创造了一个东西，然后稍稍改善了人们生活的那种喜悦。对于大多数发明者而言，成功的满足感只会刺激他们更努力地去创造（也会让采购员更喜欢你的产品）。如果你已经设法将产品成功地推向市场，为什么不能再接再厉？你能做到这一点，而且第二次会更容易。最妙的是，你不必从零开始。

◆如果你真愿意付出一切，那你就可以让你的出色点子成真，从而实现你的梦想。多去了解产品和市场，让自己对一些事实和数字像百科全书一样通晓。当事情不像想象的那样发展时，你可以另辟蹊径来达成同样的目的。不要选择退出。如果你的点子如你所想的那么好，一定会有方法让梦想实现。勇于摘星——说不定你就能摘到！

——萝莉·格雷纳

你的第一本创业指南

The E-Myth Revisited

Why Most Small Businesses Don't
Work and What to Do About It

原著作者简介

迈克尔·葛伯（Michael Gerber），E神话全球企业顾问公司创办人。1981年出版首部著作《你的第一本创业指南》，销售量达数百万册，并先后被翻译成15种语言出版。其后又出版以E神话为主题的著作，包括《经理人要有创业心态》《E神话承包商》《E神话医师》《经理人的七项修炼》《实现你的创业梦》。

本文编译：邱约文

主要内容

5分钟摘要

从E神话到企业家

所谓E神话，也就是创业神话，意指大多数新创企业由凡事喜欢亲力亲为的技术师，而非立志打造稳健企业的创业家所创设。技术师的这种先天倾向使大部分企业主只专注于经营企业，而不是着力打造企业。

有个简单有效的方法可以克服这种E神话倾向。企业主可把事业视为一种原型，在未来可供许多企业加盟，而不是只想着如何经营这一家企业。如果拥有这种心态，企业主就不仅会以技术师的角色经营事业，同时还会扮演经理人（建立制度与管控机制）和创业家（具备愿景，知道企业该如何持续为所有关键利益关系人创造价值）的角色。

与那些纯粹从技术师角度思考问题的人所主

导的企业相比，结合技术师、经理人和创业家三种角色的人所创立和管理的企业，将更有机会成功。

关键思维

打造企业就是在打造自己的人生。我认为，企业发展过程的核心，不在于追求效率、效果，赚到更多收入，而在于为每一个与公司有往来的人创造更丰富的人生，不过最重要的是要为拥有这家企业的你创造更丰富的人生。

——迈克尔·葛伯

一 E神话的基本概念与原则

E神话的经营方式具有特殊内涵。

（1）大部分新创企业由技术师创立。他们对自己感兴趣的事很在行，而且认为与其为人作嫁衣，不如自立门户。

一般人普遍以为，创业家基于崇高理想，要凭借创业让世界变得更美好。这不过是个神话。在大多数状况下，创业的人通常是某个专精于某项技术的人，有一天他突然有个创业的点子，于是决定自立门户，从此不再让别人坐享自己的努力成果。

（2）几乎所有新创企业的企业主都以为，自己了解所在行业的技术，所以当然也懂得如何经营应用这类技术的事业。事实上这完全是两码事。如果没有厘清两者的差异，将会导致无可挽回的后果。创业时，能亲自从事必要的技术层面的工作其实是一项短处。为何这么说呢？

◎创业技能远比纯粹为新事业创造商品重要。

◎创业者会发现，自己本来喜欢的技术工作成了苦差事，因为它们只能在许多既乏味又没有成就感的工作的间隙完成。这让他愈来愈不喜欢技术层面的工作。

◎创业者早晚会认识到，技术层面的工作大可外包给其他人做，真正能创造价值的工作是打造企业。这需要投入相当大的心力。

也因为这样，许多创业者容易产生脱离实际的想法，信心受到打击。

实际上，打造企业必须具备三种不同的技能组合：

（1）创业家——负责提出愿景。创业家能把各种细枝末节转变成庞大的商机，他们是放眼未来的梦想家。

（2）经理人——负责建立规章与制度。经理人性格务实，他们会制订规章制度，基本上着眼于过去并尽力维持现状。

（3）技术师——负责制造商品。技术师爱动手做，他们活在当下，亲力亲为，喜欢做出成果，工作时不喜欢受打扰。

以上三类角色都想当老板，都不愿意自己上头有个老板，然而这三种角色的技能组合是必要的。

一般创业者的个性是：

10%的创业家	20%的经理人	70%的技术师

杰出创业者则是：

33%的创业家	33%的经理人	33%的技术师

许多问题之所以会发生，都在于企业是根据企业主的意愿，而非根据企业需求运作的。实际上，企业的需求会随着不同的发展阶段而有所不同：

（1）草创期——技术师最重要。对于草创期企业来说，技术师就是事业重心。也就是说，没有技术师就没有企业，这时技术师凡事都会自己来。

当技术师厌倦了一手张罗大小事务，了解到必须有所改变企业才能进步时，草创期就结束了。如果技术师不愿改变，企业就得关门大吉。如果进行转型，企业将进入青春期，也就是扩张期。

（2）扩张期——需要更健全的管理技能。每一位企业主都有“舒适圈”，也就是他们自认能愉快胜任的职责：

◎对技术师而言，这代表自己能做多少事。

◎对经理人而言，这代表自己能管理多少人员。

◎对创业家而言，这代表有多少人信服自己的愿景。

一旦企业成长的规模超越了舒适圈，企业主就可能选择以下做法之一：

◎回归小规模，也就是将公司带回工作比较单纯的草创期。大多数技术师出身的企业主都自然而然地会有这种倾向。

◎突破僵局，设法让公司成长得足够快，以赚得足够现金去引进必要的管理资源。

◎勉强苦撑，巴望公司最后能从混乱中走出来。

◎将公司推至成熟期，前提是企业主必须愿意学习新技能，并针对自己的时间决定不同的优先顺序。

（3）成熟期——当企业实际认识到自己如何发展至今日，并且确切了解该怎么做才能达到未来目标时，企业就进入了成熟期。

世界级的顶尖企业印证了何谓打造事业的成熟方式。这些企业的领导人都具备了正确的眼光，并且能使公司均衡发展。他们了解是哪些要素造就了卓越事业，并且会以成功、永续的企业为模范。

完善的运营模式不只会关注企业创造的商品，还会注意以下关键问题：

◎ 企业如何运作，而不是得完成什么工作。

◎企业如何创造获利，而不是如何创造营业收入。

◎企业设定未来的目标，而不是一再复制现状。

◎企业如何整合运作，而不是内部各部门该做什么。

◎企业设定未来的愿景，而不是专注于目前可行的模式。

在企业成熟期，最重要的是形成相应的运营模式。这种模式有以下特点：

◎着重满足特定顾客群的需求。

◎更密切注意、研究竞争对手的产品。

◎投入大量时间与心力去了解如何调整企业架构，以充分满足顾客需求。

◎整合企业的各要素，使各个环节都能为最

终的成果作出贡献。

◎制订各种标准和表格，营运规范和经营原则开始成形。这时会形成可以一再复制运用的明确制度。

◎企业开始将顾客视为可以在未来创造更多价值的机会，而不是打扰自己从事有趣事务的麻烦人物。

简而言之，当顾客取代产品或服务成为主角时，企业就达到成熟阶段。从这个角度来看，企业要如何经营，远比企业做了些什么更为重要。

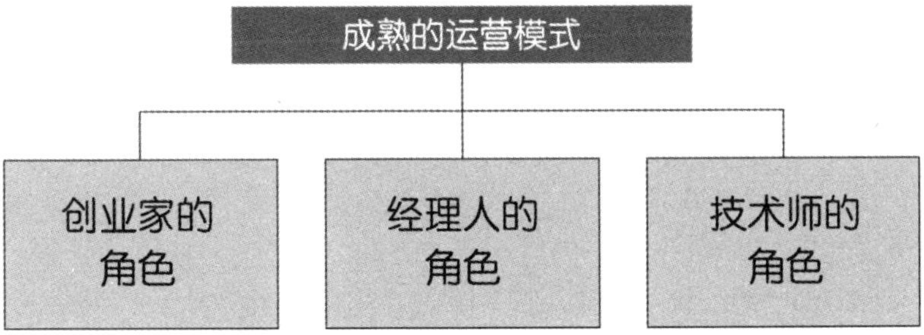

只有采用均衡的运营模式，让创业家、经理人和技术师都有同等的机会，并在打造企业上作出同等贡献时，企业才算成熟。

关键思维

IBM之所以有今日的成就，有三个特别的原因。首先，从一开始我就清楚知道公司的最后样貌。其次，当我想象出那个样貌之后，我便问自己这样的公司会采取什么行动。第三，我认识到，除非我们一开始就采取那样的行动，否则我们将永远无法拥有那样的样貌。换句话说，我知道，IBM要成为卓越企业，就必须在成为卓越企业之前就有卓越企业的作为。IBM并不是在做生意，而是在打造事业。

——托马斯·沃森，IBM创办人

◆麦当劳、联邦快递和迪士尼等企业，并不是最终成长为成熟企业，而是从创立之初就自诩为成熟企业！这些企业的创办人对企业的意义及成功运作拥有与常人截然不同的视角。以成熟企业自诩的企业领导人，同样得经历草创期与扩张期，只不过他们经历的过程与一般企业完全不同，差别就在于创业者的视角。

◆我见到的大部分运营不善的企业，其问题

都不在于企业主对财务、营销、管理和运营了解得不够。他们所知确实有限，不过这些事其实很容易学。他们的症结是把时间和精力用在捍卫自以为知道的事情上。

◆你必须分析你企业的现状，想象当企业发展达到期望目标时会是什么模样，然后找到现状和理想状态之间的差距。这样你会明白，到底该怎么做才能创造出自己梦想的事业。

——迈克尔·葛伯

二　运用加盟视角

打造成功企业最理想的模式，就是将你的事业视为一种原型，可供之后加盟店复制运用。因此，你要尽力去打造你的企业，而不是经营它。

要以你的企业为基础打造成功的加盟事业，就必须遵守以下规则：

（1）你的模式所创造的价值，必须不断超越顾客、员工、供应商和债权者的期待。企业如果不能用心竭力创造价值并时时超越期待，就很难维持下去。

（2）你的模式必须让技能水准不高的人也能成功操作。只有当你建立起一种制度，使没有特殊技能的人员也能加入时，模式才可以复制。换言之，如果每个加盟事业都必须克隆一个你才能成功，那么企业的扩张就有了先天限制。你必须打造出以制度，而非以个人或专家为重的加盟模式。这个制度必须让平凡人也能缔造不凡的成果。

（3）你的模式必须有条理。凡事都有制度，让顾客、员工、经理人和企业主都能了解状况。简而言之，就是要建立事业架构，让其他的一切都在此基础上发展。

（4）所有制度都必须加以记录，形成正式的书面运营手册。如果没有记录下来，一切都会变成一次性的过程。记录在册便可以使工作步骤明确化，并以此为基础订出绩效标准。如果缺乏书面的制度手册，就表明你所打造的是一次性事业，而非可供他人复制的模式。

（5）这个模式所提供的服务前后一致且水准稳定。优秀企业提供给顾客的体验是完全一致的。每次顾客与你企业互动时，都能以同样的方式获得同样的体验，这就是品质保证。

（6）这个模式对企业的用色、服装和设备，必须有完全一致的规定。卓越企业的创办人对所有细节都会高度注意，甚至会执着于看似微不足道的事项，如颜色的选用，以及颜色将如何影响潜在顾客的感受等。其他细节还包括产品外观、商标、陈列方式等。

基本上，如果你真的要让公司变成可供未来大量复制的原型，那么所有细节都必须妥善处理。

致力于打造企业而不是经营企业，你会正视大部分人在不经意间忽略的关键事项，例如：

◎该如何打造出自己没有亲自坐镇时，仍然高效多产的企业？

◎ 如何在没有直接督导的情况下，还能激励员工用心工作？

◎ 如何设立制度，使公司能有效服务大量顾客并且保持前后一致的服务水准？

◎ 如何在自己无法每天坐镇监督的状况下让公司顺利运作？

◎ 如何才能保证花最多的时间去做自己喜欢做的事情？

◎ 如何才能做到花最少的时间去做自己讨厌却又不得不做的事情？

换句话说，将你的企业当作未来加盟制度的原型模式，你将更可能专注于真正重要的问题。不论你最后是否将企业转变成加盟事业，这样做都可以增大你成功的机会。

关键思维

◆美国商务部 1971～1987 年进行的研究显示，每年有不到 5％的加盟事业结束营业，相当于每 5 年就有 25％的加盟店结束营业。拿这个数据跟高达 80％的独立事业失败率相比，你就能马上明白加盟事业在经济体系中的威力。

◆加盟事业不只是将公司名称借给规模较小的企业。它还提供完整的运营制度。大部分企业创办人认为，企业成功的关键在于自己销售的产品是否受欢迎。然而加盟事业的基本信念则是，企业真正销售的不是商品，而是企业本身。

◆对创业家来说，加盟事业的原型是一个媒介，可以使他的愿景具体成形；对经理人来说，加盟原型提供了对他来说最重要的秩序、稳定性以及制度；对技术师来说，加盟原型则让他有时间去做他最热爱的技术层面的工作；而对小型企业的企业主来说，加盟原型则提供了工具，让他终于能平衡发展自己的三种角色，同时创造可行的事业。

——迈克尔·葛伯

三　基于E神话的企业发展过程

要成功打造加盟原型事业，需要运用七大策略和三项原则。

企业的发展过程必须是动态的且有弹性，正像这个世界绝对不会静止不动一样。商场上的一切天天都在变，企业要保有并创造新的价值，就必须有充分的弹性和应变能力。

企业的发展过程也是企业人员相互沟通的过程。它不仅是一种行为方式，同时也是思考方式和有效沟通方式。

三项原则为变革和进步带来动力。基本上，它们是推动企业发展的引擎，而七大策略的实施，无不以三项原则为基础。在分析企业的发展过程时，心中要永远牢记你的大目标为何。那就是要创造有制度、有架构、稳定的加盟原型，让企业可以一而再再而三地缔造成果——只要依循既有的制度就可以做到。

以下依序说明三项原则：

（1）创新原则。创意是新构想，而每当新构想被实际执行时，那就是创新。创新企业会不断针对以下问题寻求新的解答：

◎是什么因素导致顾客无法从与公司的互动中获得更多价值？

◎什么是确保顾客需求获得满足的最好方法？

创新会激发能量，并让企业具有大胆、进步和前瞻性的特质。创新还能够将企业简化至最关键要素。

（2）量化原则。创新若没有量化，就无法以数据来显示创新带来多少成果。优秀的企业会将一切记录下来并加以量化，然后竭尽全力设法时时提升这些数据。

一旦你将一切量化，便可构建资料库，准确

无误地追踪企业的品质和进展状况。有了明确的数据，你的事业规划会更显重要和迫切。

（3）整合原则。整合的意思类似于最佳化，也就是要消除企业运营层面的自由裁量空间，改用能够产生最佳成果的做法。整合始于创新，靠量化来验证，最后将最佳实务做法融入企业的标准作业程序之中。

经过用心整合之后，企业就能缔造一致而稳定的成果。这样你便能得出加盟模式，也就是每次顾客与你互动时，你都能为他们带来价值的独特方式。

简而言之，创新、量化和整合是企业发展的基础，企业可以据此预测并应对市场变化。它们也是持续改进品质的根本，是任何企业要跻身世界级企业之列并享有长期成功的制胜法宝。

以下依序说明企业发展过程中应采用的七大策略：

（1）首要目标。虽然你的企业不是你人生的全部，但是会在你的人生中扮演重要角色。因此，发展企业的第一步就是要问自己以下几个问题：

◎你个人生命中最重视的是什么？

◎你希望过什么样的生活？

◎当你回顾自己这一生时，希望它是什么样子？

◎在内心深处，你希望自己成为什么样的人？

简单来说，优秀的人都抱有愿景，会勾勒出自己理想的生活该如何发展。成功者和平凡人最重要的差别是成功者会积极开创自己的人生，而不会听天由命或坐等好运从天而降。换句话说，成功者造就自己的生活，而不只是过日子。

（2）策略目标。你的策略目标就是评价指标或标准，是成功的评价依据。策略目标会明确显示你的企业要做到哪些事情才能达成你的首要目标。

评价标准没有所谓的“对”或“错”，不过倒是有以下几项最常用的标准：

◎金钱——收入、获利率、公司市值。你的愿景有多大、目标是什么、退场策略是什么，以及退场时希望达到什么财务成果？

◎值得追求的机会——你的事业概念是否足够远大，足以让你达成首要目标和策略目标？如果答案为否，你需要作什么改变？不要做注定会失败的事。你是否有办法吸引足够多的适合顾客？

◎市场区域——你的事业会是地方企业、区域企业、全国企业，抑或是跨国企业？

◎时间表——你需要花多长时间来完成你的事业原型？2 年、3 年、5 年，还是你的整个职业生涯？

◎公司定位——你的公司是要直接服务顾客还是服务其他企业，而你要锁定的市场又是哪些客群？

这些标准会深刻地塑造并影响你的企业。

（3）组织策略。许多小型企业无法确立正式的组织架构，因为他们相信每个人都应该很清楚自己该做什么。不幸的是，这种状况通常会导致没有人负责的情形。

如果事业的最终目标是要成为加盟原型，就一定要有组织架构。可以视情况调整运用以下这个简单的组织架构：

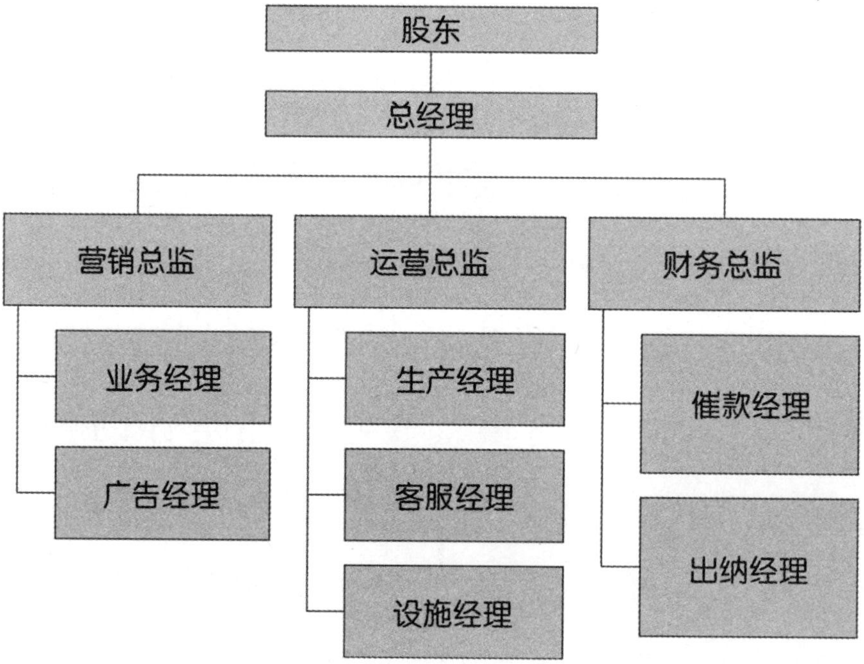

接下来可以为各项职务订立规则，在其中明确：

◎该职务必须达成的绩效。

◎评价绩效所运用的标准。

然后就可以由任职者与其主管共同签署职务协议。这样，企业就可进一步勾画出成长依据的蓝图。虽然有些人在一开始可能得身兼数职，但是在人力增加后，就可拟定清楚的职责划分。

另外要记住，技术师应负责战术面的工作，经理人则应专注于策略面的工作。拟出能够随着企业的成长同步发展的简单组织架构，就可以让更多人员负责特定战术面的专业任务，也能有人专司运营工作。此外，组织架构也能作为发展框架，可以据此制作操作手册，制订各项规章制度。

（4）管理策略。加盟原型的管理策略并不需要聘请经验丰富的高薪经理人，原因是：

◎你不知道如何选才。

◎你不知道如何管理他们。

◎他们已在其他企业学到了专业技能。

你应该建立简单的制度，让一般人也能缔造非凡的成果，这就是管理的真意。应该永远将管理看成营销工具。管理制度愈简单、直接就愈好。事实上，大部分由加盟事业创建的世界级管理制度，不过就是营运手册中的核对清单。

简单来说，在每一种核对清单上分别列出员工应该采取哪些步骤来让顾客满意。可以借此训练新进人员，让他们能够表现出与资深人员同等的工作能力。而新进人员所要做的，就是做好核对清单上列出的事项。

（5）人力资源策略。人力资源策略的重点在于营造适当环境，让员工觉得负起责任比逃避责任更重要。要做到这点，就必须教育你的员工，让他们确实了解公司为什么要求这样做。事实上，他们必须掌握三个重要观念：

◎永远让顾客觉得自己是对的。

◎永远让自己觉得自己是最棒的。

◎自己的成长来自培养新技能。

良好的人力资源策略能够让员工相信，服务顾客是值得好好做且有制度可循的。这种观念和心态可以为员工注入目的感和意义感。这样，在你的企业中，诚信、目标、投入、愿景和卓越等词语将不再是抽象的字眼，它们将成为丰富又立体的概念。

一个人如果受到充分激励，就可能达成惊人的成就。有效的人力资源策略会营造出能够成就卓越的环境。它会建立制度，使人人都有同等机会，为给顾客提供完整的解决方案而共同努力。

（6）营销策略。在做营销时，你必须忘记自己的愿景，完全专注于服务顾客。但你以为顾客想要的与顾客真正想要的，往往有着天壤之别。因为大部分的购买决策，并不出于大脑的理性，而是由潜意识决定的。购买决策向来是不理性的或感性的。顾客所作的大部分相关决定，都是不假思索立即作出的。

事实上，有效的营销依赖两大支柱：

首先，人口统计维度——了解你的典型顾客是哪些人，以及他们的需求是什么。要获得这方面的信息，每一家企业都必须收集现有客群的资料，方法则是提供顾客诱因，请他们回答跟自己有关的问题。

其次，心理统计维度——研究为何特定人群会基于某种原因去购买某种产品，而另一人群却又会基于完全不同的原因去购买。要获得这方面的信息，可以运用同一份顾客调查问卷。你可以问顾客：

◎偏好的颜色。

◎偏好的外形。

◎偏好的用词。

◎以前购买过哪些品牌的消费商品。

获得这类信息后，你便能将焦点放在过去顾客反应良好的营销诉求上。只要采取类型与结构相近的营销诉求，你就可以持续地吸引那些符合人口统计维度和心理统计维度的潜在顾客。接下来营销工作只需专注于一个关键问题，那就是如何取得你目标细分市场中，符合人口统计维度与心理统计维度的顾客名单。

企业的一切作为，都应该整合进营销流程之中。事实上，将所有作业进行无缝整合是非常重要的。只有这样才能充分、有效地开发顾客名单，使潜在顾客转变为顾客，创造后续消费商机并满足顾客需求，从而达成业界没有其他人敢作的承诺。

（7）系统策略。每件事都是一个系统，有些可以理解，有些则无法全然理解。企业需要有三种系统才能运营：

◎硬件系统——电脑、办公室、材料等无机物。

◎软件系统——有机体（人员）、构想、话术、运营流程等。

◎信息系统——提供软硬件系统之间互动的信息。

为了说明这些系统在企业中如何运行，请参考下面这个销售系统：

名称：重点推销系统

结构：

（1）找出重要的消费决策点，即“基准点”。关键的基准点包括：

◎安排拜访时间。

◎分析需求。

◎根据需求提出解决方案。

（2）根据过去对其他顾客的有效诉求，为各个基准点编写一套话术。

（3）拟出可供各套话术运用的补充资料。

（4）业务人员牢记这些话术。

（5）业务人员都能用同样的方式运用话术。

（6）业务人员可视情况应对潜在顾客的特定需求。

主旨：业务人员如何与潜在顾客建立关系，如何调整资料来满足顾客的特定需求。

成效分析：记录一开始联系了多少人，敲定

多少次拜访，通过相关演示创造了多少业绩等。之后依据个别要素的改变再进行比较分析，不断修正推销系统。

重点推销系统对企业如何将软件、硬件和信息系统进行无缝整合进行了示范。这是将系统整合成整体计划，创造综合效果的方法。最好、最有效的运营系统可以无缝整合软件、硬件和信息系统，使其根本无法分割。你的加盟原型事业应该显示这些系统整合得多么高效、多产。

关键思维

◆你的首要目标是勾勒出必要的愿景，让你的事业有生命，然后把你的生命注入事业之中。实际上，你的策略目标所采用的评价标准，会形成一种张力，将你未来的运营模式和今日的样貌拉近。评价标准还会创造出一种能量，让最顶尖的企业与最有效率的人才借以缔造成果。

◆如果没有组织架构，混乱、争执与冲突将变成家常便饭。组织架构会使企业的方向、目标和风格取得平衡，从而形成有意义的互动。

◆制度会成为你的管理策略，也是你的加盟原型用以缔造理想成果的工具。制度会整合各种管理决策流程，并且将人力资源方面的问题化为机会。制度会缔造成果，而制度是由你的员工来管理的。制度有不同的层次，首先是我们怎样制订它，其次是我们如何聘用和训练人员，第三是我们如何管理它，第四是我们如何改变它。这其中的“它”，就是企业的宗旨。

◆虽然你不必埋头钻研相关学科，但你确实需要密切关注营销这门艺术中所应用的学科。你知道麦当劳、联邦快递、迪士尼、沃尔玛等企业花了多少营销费用才把营销做好吗？小型企业根本无力负担像它们那样的巨额支出，但是你可以用时间、脑力和注意力，去问它们会问的相同问题。这就是为什么我要强调小型企业主真正该做的工作应该是策略，而非战术。如果你总是在做战术面的工作，你将没有时间和精力提出种种必要的重大问题，更别说回答它们。你将完全没有时间和精力打造企业，而只是在经营企业。

——迈克尔·葛伯

点击致富

Click Millionaires

Work Less, Live More with an
Internet Business You Love

原著作者简介

斯科特·福克斯(Scott Fox)，网络企管顾问及演说家。他的服务对象有创业者，也有家喻户晓的电视节目主持人。在投资华尔街股市大赚一笔之后，他25岁就试图退休。他开创的数个网络事业都成果丰硕。目前经营个人的YouTube频道，制作网络广播节目提供播客服务，同时引领一个全球性的运动，主张事业成功是指打造合乎道德并可持续发展的生活风格事业。他毕业于美国密歇根大学和斯坦福大学法学院。

本文编译：乐为良

主要内容

5分钟摘要

打造生活风格事业

今天你有机会重新设计你的生活，自己定义成功的内涵。只要一点儿资金或技术培训，你就可以在网络上打造一份生活风格事业，既能靠它养家糊口又能实现你的人生目标。

职涯发展正在经历一场革命。现在网络可提供广泛使用的工具，给你带来前所未有的机会，让你能够重新设计你的职涯，以自身条件为基础取得成功。你不必再为老板和公司赚钱，你可以为自己创造富足的生活。

你应该赶紧考虑建立一种生活风格事业，更加全面地结合自己的喜好和兴趣，同时实现经济独立。你可以用不同的方式来利用你的工作经验，打造可持续经营且能获利的生活风格事业。

打造生活风格事业10步骤

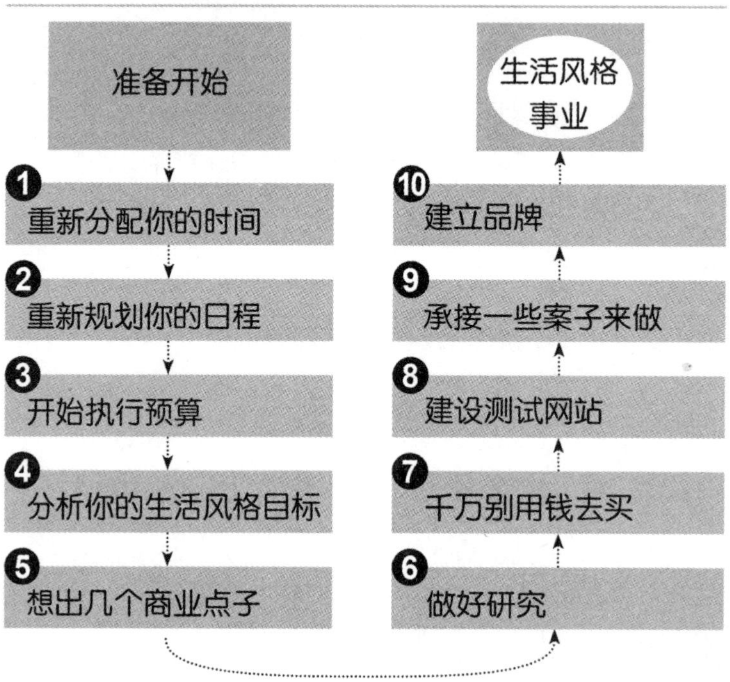

关键思维

◆今天你可以追求一些比升迁更好的目标。在家庭办公室打造成功的事业，这可以让你更乐于工作，对钱少点儿担心，花更多时间与家人相处，承接喜欢的案子，并与他人分享成功。

◆生命有期，只有你可以更好地丰富自己的人生。你可以重新设计日常生活，让它更符合你想要的生活方式。你不一定能成为百万富翁，但你每天生活得更像富翁。找出生活中最想改变的事，选择自己想置身其中的世界，并向那个方向努力。

——斯科特·福克斯

一　准备开始

如果你对人生有所期待，为什么不从现在开始改变呢？

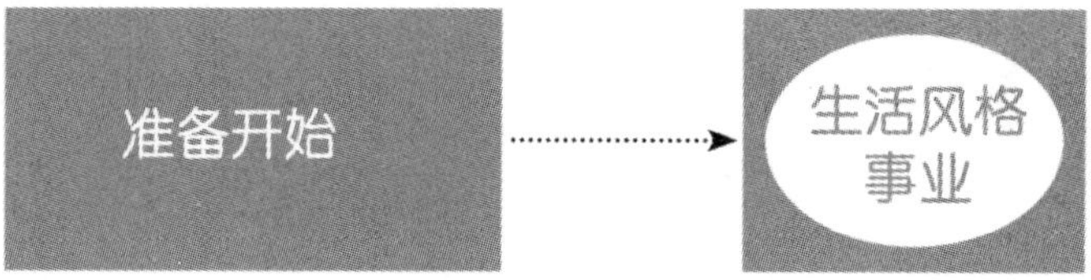

传统认为，事业的成功是看一个人能否进入优秀的企业，享有高薪、高福利和工作保障。人们甘愿长年累月忍受单调工作，有时不惜全家搬迁到全国各地甚至世界各地，也只是为了保住这份工作。

尽管如此，许多公司为了让账面数字更好看，毫不掩饰它们可以随时辞退努力工作且能力很强的员工。而在企业里往上爬，日常要应付的压力也很无趣：

◎要每天上下班。

◎必须与你讨厌的人一起工作。

◎被要求去做上级决定的优先事项，而不是满足客户需求。

◎应对办公室政治及相关一切。

◎当公司要求愈来愈多时，很难兼顾工作与生活。

幸运的是，在我们所处的时代，科技带来了过去不曾有过的新选择。现在可以比以往更容易、更便宜地开创“生活风格事业”——让你实现自己的生活风格，而不是拼命努力赚更多钱，然后再花钱去实现它。

那么，什么是生活风格事业呢？生活风格事业原创而独特。它让你优先考虑生活风格，而非成长和利润。它让你在自己选择的领域把自己当作专家，并且让你赚到足够的钱去享受你所选择的生活。

换句话说，打造生活风格事业是一种创业，

根据你的兴趣、时间表和喜好来设计。网络是促成这一切的科技，特别适合这种自由发展、自我组织的事业。

传统的成功是成为百万富翁。如果你立志打造生活风格事业，你的成功目标将是“点击致富”。点击致富把成功定义为：采用最新的电子商务和营销工具，打造有利可图、合乎道德的网络事业，既改善自己的生活方式也帮助周围的人活得更好。由此形成的生活风格事业，让人们对自己的职涯拥有前所未有的掌控权、创意自主性、时间弹性和工作满意度。

点击致富就是使用既有的工具（如网站、数字出版和社交媒体），打造能获利的网上生活风格事业，但同时强调个人幸福并有能力去做自己重视的事。你可以保有现在的工作，利用空闲时间，以兼职方式开始打造生活风格事业，带来自动产生的收入。一段时间后，当你的生活风格事业收入比例愈来愈高，你便可以决定是继续从事目前的工作，只在周末和假期经营你的生活风格事业，还是放手一搏，把所有时间用来扩大生活风格事业。一切全由你做主。点击致富不是不工作——而是提供乐在工作中的契机。

点击致富的真正目标是减少工作量却赚更多的钱！这个乍听起来既充满野心又矛盾的事情，已有现成科技帮助你梦想成真。只要你准备就绪并全心投入，以可行的计划往前迈进，就一定能实现。

关键思维

◆金钱不是生命之旅的目的地——只是帮助你享受这趟旅程的燃料。

◆先以兼职方式启动你的电子商务，不必辞掉现有工作。稳扎稳打才有望胜出。抓紧下班后或周末的时间，经年累月聚沙成塔，使之慢慢成长到你想要的阶段：第一个月 5 美元，数月后每个月 50 美元，然后每个月 500 美元，最后成长到每个月 1000 美元、5000 美元甚至 50000 美元。听起来如何？这种较为缓慢的方式也让你有时间测试不同的方法和产品，去应对竞争对手、开发客户以及加深与合作伙伴的关系，这些到后来都会有所回报。

——斯科特·福克斯

二　重新分配你的时间

设定一个实际的目标，决定投入多少时间来打造你的生活风格事业。

打造生活风格事业的第一步是每周持续投入数个小时。关掉电视开始行动，记日记追踪你花在打造新事业上的小时数。要相信每周就算只花1小时，久而久之也将积累不少时间。当然，如果每天都花1小时在生活风格事业上，你的进展会更快。

归根究底，要在网络上取得成功，实际上只有三种商业模式：

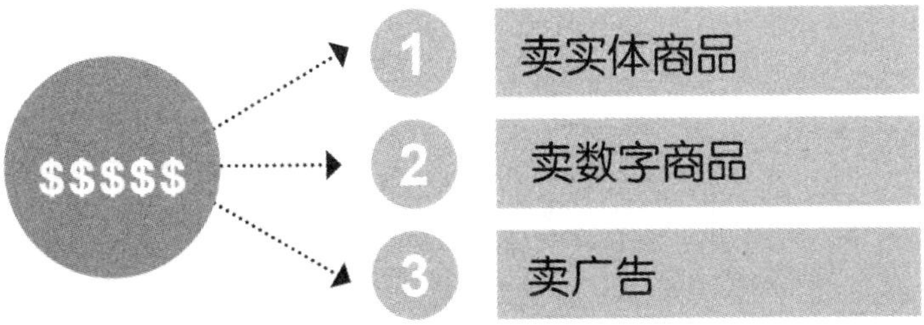

其他模式都是这三种的变形。点击致富商业模式则是如下图所示的良性循环：

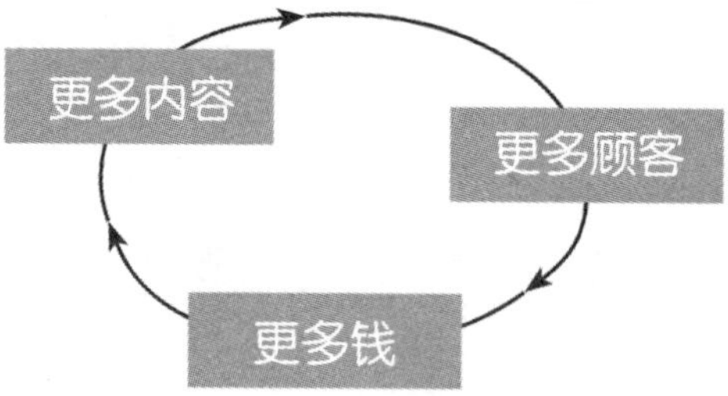

你的目标是启动一个自我强化的循环系统，即用更多内容吸引更多顾客，让你赚更多钱，然后你再花更多钱推出更好的营销手段。当系统规模扩大时，你可以做得更少，把几乎全部工作外包出去。

帮你建立这种循环系统的最佳方式是遵循生活风格事业发展的工作流程，大致如下：

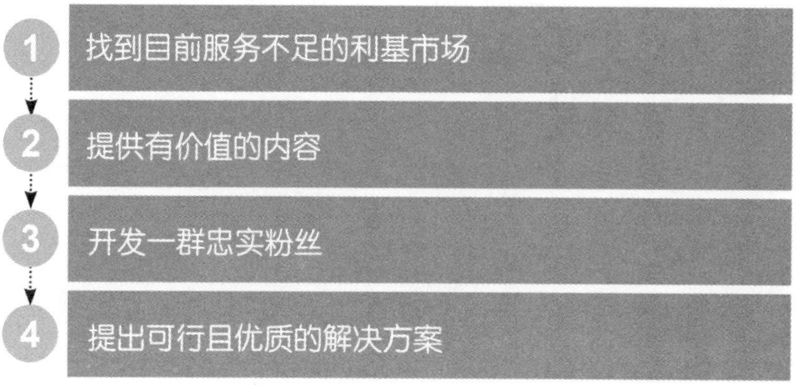

打造成功的生活风格事业真就是这么回事，但不会一夜成真。要真正能够开发并提出一流的解决方案，你必须投入必要的时间、精力和创意，全心去做。首先要去认识构成你利基市场的那些人。相关要素如下：

◎要真心帮助人们解决问题而不仅仅是兜售商品。

◎必须花足够的时间成为客户眼中的专家。

◎尽一切可能，利用软件、网络工具、云端服务，自动执行重复性任务。

◎尽可能把一切工作外包出去，你便不用投钱去建基础设施或聘请全职员工。

◎尽可能让顾客帮助你创建内容——他们不仅喜欢这么做，还会转告朋友。对你而言成本也十分低廉。

◎要有一个可以扩充的事业。

◎要有一个可以产生经常性收入，能持续成长的解决方案。它必须经常更新，不能只依赖一次性销售。一旦你组合出经常性的收入，一种可观的态势就会出现。

三　重新规划你的日程

找到创新方式让自己腾出更多时间，聪明地推动事业成长。

一旦决心打造生活风格事业，你就必须设法找出更多的可用时间。你可以利用假期从事新事业，或者看看目前的工作能否采用远程办公方式。

打造一流生活风格事业的战略计划可概括如下：

现在网上的专家可说是形形色色五花八门：

◎传统专家——有正统的学历，在各自的领域享有专业地位。

◎利基专家——对自己的主题知之甚详，或在各自领域有实务的经验。

◎即时专家——只比观众超前两三步。他们随时都在学习并且乐于帮助别人，让别人跟着自己走。

◎共同学习专家——与观众一样，都是初次探索某个领域，并与他人分享旅程。

如果你已经具备专家的条件，那么大可放手去做。如果不是，那么就像多数人一样，从共同学习专家做起，然后成长为即时专家，最后成为利基专家。关键是创造搜索引擎喜欢的网上知识。如果你具备优质的素材，就能替自己争得专家的地位。

要成为网上专家，有十个步骤：

1. 找到你有专业知识、实务经验或浓厚兴趣的利基市场
2. 购买一个包含利基市场关键词的域名
3. 为你的网站搜索、整理素材
4. 想出一个专业用户名称，在各大社交媒体网站上注册
5. 订阅各类商业信息，搜索与利基市场相关的信息
6. 开始在博客上简单介绍你发现的最佳文章和其他博客
7. 在博客张贴文章，突显你在利基市场上的专业知识
8. 接触行业中的20位顶尖高手，邀请他们投稿
9. 注册成为网上广告商，让网上的访客替你赚些钱
10. 随着订阅人数的增加，不断重复步骤 6、7、8

你在博客上持续发布信息后，你的网站就会出现在搜索引擎上，继而吸引更多访客。当你开始听取访客的意见并进行回应，很显然，到访的人就会知道你是领域中备受推崇的专家。时下的看法是，你在网上发表的内容就代表你，只要你

看起来像个专家，人们就会自动赋予你这个称号。

关键思维

关键在于向顾客提供解决问题的方案。如果你已经花了数百甚至上千小时学习把某件事做好，就一定会有很多人愿意付钱走捷径。

——斯科特·福克斯

四　开始执行预算

拨一笔你负担得起的金额（即使每周只有20美元）存入一个银行账户，用来打造你的生活风格事业。

在网上建立专家形象的同时，要开始拿出一些资金启动你的事业。做好定期储蓄计划，每周或每月拨一些资金到特定存款账户。有计划地使用这笔资金，从事研究，或支付任何可能产生的培训和开发费用。只要你持续定期储蓄，即使每周只拨出一小笔钱，也会积少成多。

如果你没办法拨出太多钱打造自己的事业，可以考虑利用空闲时间从事虚拟助理的工作。公司聘请虚拟助理——在家而不是在办公室工作，执行各种任务，从例行行政工作、策划到大型促销活动。对公司而言，请外面的人做这些事要比雇用办公室助理的成本更低，收益更高。

你可以偶尔做做虚拟助理，每月收取固定费用，或针对特定时间数量的工作给予优惠报价。虚拟助理的时薪通常为 80～100 美元。担任虚拟助理凑钱启动生活风格事业是个很好的策略。你可以保持弹性工作时间，成本也低，并有机会与有趣的人和机构一起参与各种项目。

关键思维

许多虚拟助理具有多年担任行政助理（甚至高管）的办公经验，但这不是必要条件。如果你知道如何在商业环境里表现出专业风范，你就可以担任虚拟助理。为了推销他们的服务，大多数虚拟助理在寻找新客户时会通过专业人才交流网站，同时也会在个人网站上发布更详细的信息，说明他们的技能和偏好的工作类型。

——斯科特·福克斯

五　分析你的生活风格目标

找出什么事情对你最重要，并试着策略性地思考你这一生要往哪里去。

在一头栽进自己的生活风格事业之前，务必确认什么事对你最重要。如果没有先花时间确认要往哪里去，你的生活风格事业就会失去前进方向。想要打造哪种规模、哪种类型的生活风格事业，完全是你说了算。只有你能回答以下三个问题：

◎你打算如何度过你的工作时间？

◎你最喜欢做什么？

◎你渴望为世界作什么贡献？

要清楚了解自己的生活风格目标，请拿出笔记本完成以下规划练习：

（1）头脑风暴——列出一份清单，详细列出你目前工作上最厌恶的事。再列一份清单，详细列出你在职涯中真正热爱做的事。

（2）列出优先顺序——将两份清单加以排序。

（3）评估——确认你现在讨厌的事有哪些最容易避免，你渴望做的哪些事最容易达成。

（4）整合两份清单——全部重新排序。列出前 10 项你可以开始着手进行的改变。

（5）冷静一下——放一个晚上，第二天再重新看一下。重新评估并且加进漏列的项目，同时删除看起来并非真正重要的项目，然后加进你想要做的项目以及乐意一起工作的人。

六　想出几个商业点子

找出你想锁定的利基市场，以及你能提供的产品或服务。

在当今的网络世界，实际上只有七种模式能成功销售实体商品、数字商品或广告。不管使用哪一种，你的生活风格事业都很有机会替你赚到钱。

可以支撑生活风格事业的七种通用网上生财工具是：

1. 数字出版
2. 电子邮件
3. 博客
4. 播客
5. 网络电视节目
6. 社交媒体
7. 信息产品

（1）数字出版——有便宜的网上工具可使用，发行数字杂志很容易。你可以根据你的生活和工作经验创办一种杂志，或汇编一种杂志来直接探讨某一主题或某个产业的核心问题。数字杂志的生财之道包括订阅和出售广告，或在杂志上卖东西。拥有自己的电子杂志也是在自己领域建立专家资历的好方法，你可以因此收取较高的咨询费。

（2）电子邮件——为商业目的寄送的免费电子信件。你可以发布产业信息，聚集志同道合者，然后举办活动、卖广告，最后升级去卖高端产品等等。无论是企业对企业（B2B）还是企业对消费者（B2C），都可使用这种方式。

（3）博客——让你有机会通过广告、合作投资以及促销活动赚钱。经营博客的主要优势是成本低，读者也常会帮你增加博客的内容。博客可以高度聚焦某个领域，它的互动性对许多人产生巨大吸引力。要把博客内容供稿给媒体也很简单。曾有博客内容以数百万美元出售。如果你撰写了成功的博客，就等于创造了宝贵的资产。

(4) 播客——透过网络传送的音频内容。就像其他类型的数字出版，如果你能吸引广告商看好的一群听众，就会有不错的进账。播客也是推广产品的绝佳工具，能让你向全世界免费发布信息。好的播客往往同时兼具娱乐性和丰富信息，可以吸引来促销活动、咨询机会、演讲会，以及有趣的合作关系和付费的赞助。

(5) 网络电视节目——听起来好像很吓人，但也愈来愈容易制作。视频是强大的网上商业工具，YouTube 即为铁证。据估计仅在美国，YouTube 每个月的总浏览量就达到 150 亿人次，它也因此成为世界第二大搜索引擎。现在的摄像机简单好用，可以拍摄高分辨率的视频。你可以使用视频吸引流量到自己的网站，销售产品，宣传品牌等等。着手制作自己的 YouTube 频道不但免费而且非常简单。为任何你想得到的主题制作一些教学视频或其他趣味视频，都是可行的做法。

（6）社交媒体——依据特定的主题，建立以社区为主的网上商业系统。以人际联系为基础的社交媒体未来成长空间巨大。帮助志同道合的人取得联系，已快速演变成切实可行且牢靠的商业模式。专心帮助会员的社交媒体可以带进可观的广告收入。你还可以通过提供优质内容，举办独家活动，提供一次性的升级服务或长期订阅来赚钱。更棒的是，在美国建立和维护社交媒体并不昂贵，每个月只要 20～50 美元的主机代管费用，就可以获得优质的主机代管。

（7）销售数字资源和信息产品——已是数十亿美元的产业，预计未来将继续成长。如今已有人靠提供可下载的数字产品，如电子书、音乐、视频、教学指南、软件、计划等来赚钱。建立纯数字化的商店，可以免除许多实体店面竞争对手所需要的费用。每月只要不到 100 美元，你就可以拥有一个网站、购物车和营销工具，无论你卖出一次还是成千上万次下载资源，成本都一样。如果你的信息产品能解决问题并满足人们的需要，其获利将十分惊人。

牢记这七种商业模式，找出你想在怎样的利基市场集中精力行动，以及你未来打算如何让自己的兴趣变成收入。拿出可行的计划、产品或服务组合，开始打造你的生活风格事业吧。

关键思维

只要时机对了（就是现在），而且市场也够大（全世界），即使是小点子也可以成长为重要收入来源。没有比现在更好的时机让你去主导自己的生活，让自己在这个世界上扬名立万了。

——斯科特·福克斯

七 做好研究

增进自己对行业的认识，了解未来的竞争对手已经提供了哪些产品。

知道想把自己的生活风格事业带往何处之后，便该开始思考如何抵达了。选一个你热爱或有一些经验的利基市场，并切实考察未来的竞争对手已经提供了哪些你可以加以改善的产品。这些功课包括：

(1) 读书——找出至少3～5册跟你选定的利基市场有关的好书。你如果阅读并理解了它们，就会发现自己已经懂得足够多，可以开始了。你也要阅读一些关于网站建设和网络营销的图书，但务必记住，动手做才会有钱，只看书是不会有收入的。做好基础研究后就应该努力应用那些知识，要避免过度研究、分析而裹足不前，以至于一事无成。

（2）上网并分析——设定谷歌快讯，它会自动发送电子邮件给你，告诉你人们在自己的博客上发布了哪些跟你的利基主题有关的东西。注意有哪些公司已经在你所选的领域提供服务，同时看看自己能否在那个市场上找到任何缺口。设法满足你乐于效力的顾客的需求，开始思考你可以提供哪些不一样的产品。

（3）研究你的竞争对手——订阅竞争对手的电子杂志或博客，购买并分析他们的信息产品。加入他们的社交媒体，搞清楚他们现有的客户在谈论什么，目前正在做什么，然后找出具体方法，研究、改善他们的产品。开始寻找理想的切入点：

◎eBay 现在主导网络拍卖市场。设想自己只集中服务某个领域会如何，会更有吸引力吗？

◎看看能否重新改造目前已经可行的项目——把受欢迎的博客变成播客，或把电子杂志制成系列视频。

◎你可以在西班牙或俄罗斯复制成功的事业吗？

研究生活风格事业就是在你感兴趣的新的利基市场，以新的方式运用已证实可行的商业模式赚钱。复制成功的网站或找出新的卖点，是相对容易且成本低廉的做法。关键是要找到顾客的需求以及你能解决的问题，然后用好点子打造自己的生活风格事业。

关键思维

找到成功的商业策略，你就可以用各种方式规划自己的事业。如果你打算打入资本密集型产业，例如汽车业或网上搜索引擎，竞争可能很激烈且代价昂贵（福特和谷歌在工程技术和基础设施上花费了数十亿美元）。如果你从建设一个新网站开始，风险就会小很多，成本也较低，并且它可以让你在服务利基市场时赚取较高利润。许多受欢迎的网络公司已经无法充分应对其市场需求，以至于只能面对来自利基市场的竞争。

——斯科特·福克斯

八 千万别用钱去买

千万别用钱去买保证能解决问题的名师产品或课程，要全部靠自己。

不要期待名师指点迷津。要想出人头地，有一个行之有效的方法，那就是模仿其他成功的网络事业。采用某一产业中已被证明可行的网络商业模式，将其应用于另一个产业甚至跨越国界，是绝佳的起跑方式。

把可行的做法重新利用的机会到处都是。你不必浪费时间再去探索一遍——你只需要用全新的眼光去考虑利基市场，然后复制已被证明可行的做法，再加以调整。还是那句老话，关键是要找到现有客户的需求，发现你能解决的问题，然后提供卓越的解决方案。如果你看到成功企业已经解决了的问题，然后找到还有着同样问题的新市场，你就可以如法炮制。

关键思维

◆推出网站并试着卖些东西。客户给你的真实反馈可以教你的东西比名师的建议更多。

◆我们都习惯性地以为买了东西就可以解决问题。不要在大肆鼓吹的事业、营销或产品开发课程上花费过多。你至少应该用30天的时间来观察、阅读、研究竞争形势，与朋友讨论，同时思考你且应该做些什么。

——斯科特·福克斯

九　建设测试网站

你可以建设测试网站，以较低廉且低调的方式做些尝试，同时获得宝贵的实务经验。

对自己想走的方向有了粗略概念后，你就应该建设一个测试网站。建设网站并注意人们对网站的反应，这不仅会让你获益良多，而且能帮助你集中思考未来必须靠什么来赚钱。

即使网站初期表现不佳也不要担心——刚开始你甚至不需要放上自己的名字。在这个阶段，先学会该做什么并取得实务经验。一旦你把测试网站建设妥当并让它看起来很专业，便可以持续且专业地为它塑造品牌形象。可以采用的方式包括：

◎聘请承包商替你制作网站。你也可以利用各种网络资源，包括 Elance. com 和 Fiverr. com。

◎花些时间学习使用廉价或免费的网站建设

服务，例如 Weebly、Blogger 和 WordPress。

◎学习使用网站建设软件，从头开始。

如果你在测试网站上没有自己的产品可供出售，还有几个靠他人产品赚钱的可行策略。其中包括：

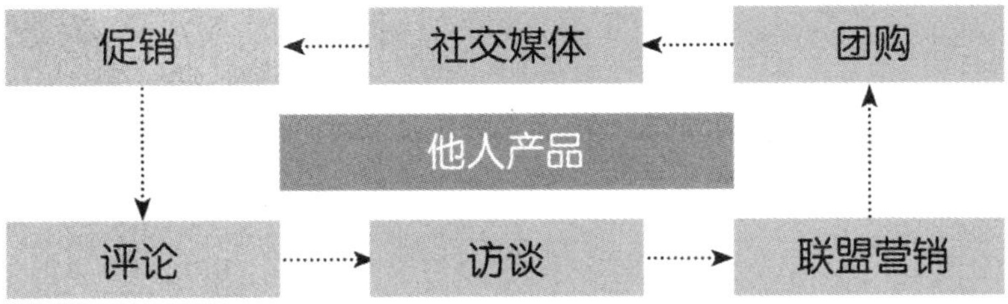

（1）促销——你可以为那些和你的目标市场一致并已有所行动的企业提供促销活动，以此来展开你的网络事业。AnyLuckyDay. com 是一家采用这种做法的网站，它每天赠送一款新产品进行促销。IWearYourShirt. com 则靠穿 T 恤帮企业做宣传。

（2）团购——你可以针对利基市场喜爱的产品提供每日特价团购活动。已经有好几百家公司在提供团购服务，但不一定会影响你光明正大地进入利基市场。

（3）评论——你可以选择一个利基市场，评价各家公司的最新产品和服务。你的评论、批评和玩笑，可能吸引许多关注，让你得以在自己的网站上出售广告。采用此策略的优秀公司包括RottenTomatoes.com及FashionToast.com。

（4）访谈——你可以走出去接触一些在相关领域从事有趣工作的人，并采访他们。韦恩·赫伯特采访经管新书的作者，将采访内容发表在他的“商业世界”博客上。Mixergy通过提供与创业者和企业家的视频访谈，已打下一片事业江山。Mixergy还将从这些访谈中获得的宝贵点子编成网上课程，靠课程费、赞助费和付费会员创造收入。

（5）联盟营销——你还可以参与联盟营销方案，靠销售他人产品获取佣金。通常是你做了一些事，吸引了一批新的观众，你就可以在网站上放上厂商广告。如果操作正确，联盟营销可以做得很好，而且获利很高。你只需要签约加入某企业的联盟方案，然后把它提供的广告代码剪贴嵌入自己的网站即可。收费方式有的是从每条广告抽取一小份佣金，有的是获得一大笔固定金额。Commission

Junction、LinkShare 或 ShareASale 这类经纪网站，提供数以千计的联盟营销方案。亚马逊和 JoinSBI.com 也有设置完善且广为采用的联盟营销方案。

（6）社交媒体——很多公司都希望通过社交媒体来推广自己的品牌。你可以提供一些服务，帮助它们在网络世界推广品牌。

你用来打造生活风格事业的步骤是：

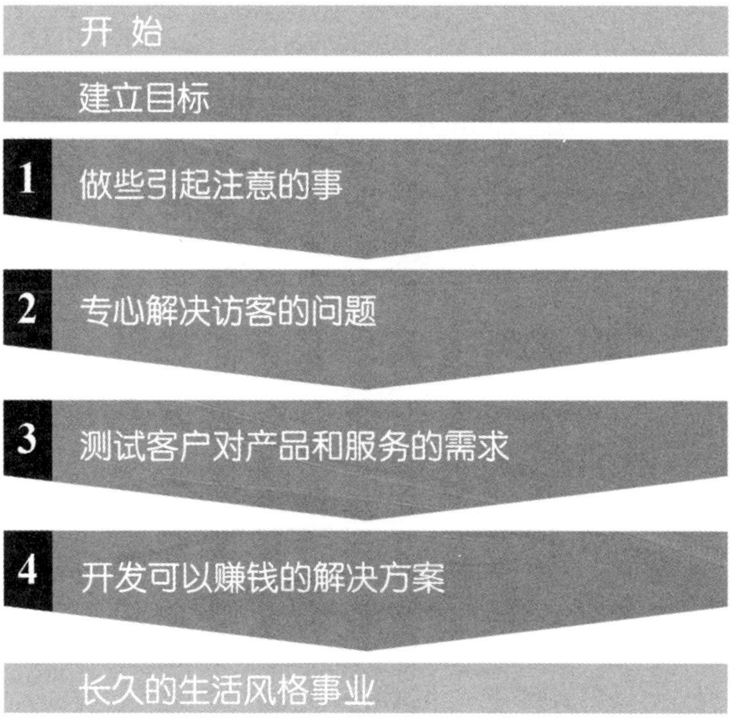

关键思维

◆第一次做网络生意就完全成功的几率很小。那又如何，有什么坏处呢？挑选商业模式就像在大学里选专业一样——你终究可能改变。你可能和我以前一样，一开始根本不知道有那么多条道路通向成功，直到发现它们的存在。

◆你首先要找出一群你乐于与之为伍的顾客，他们有强大且经常性的需求。然后你要建立一套系统好好满足这些需求，让你赚到钱的同时还能乐在其中。

——斯科特·福克斯

十　承接一些案子来做

接一些小型专案，赚点钱并扩大自己的视野。

当你打算改变自己的职涯，靠自己的力量在网络上打造生活风格事业时，你还是得支付一些账单。请试着承接一些兼职工作，来启动事业。

事实上，自由接案是通往新事业的很好的切入点。只要你作此选择，你就可以利用空闲时间获得收入。

关键思维

你如果有一技之长，想在空闲时间或周末做点儿事，或是想获得新技能，就可利用网络项目市场承接案子。这种工作的收入来自客户付费，通常是按件计酬或采用时薪制。如果你具备宝贵的专业知识，大概1小时可以收取100美元；至于较普通的技能，一般是1小时10美元或更少。当你有了让客户满意的记录，就能逐步提高收费标准。你也能找到自己喜欢的项目，来培养更专业且收费更高的技能。

——斯科特·福克斯

十一　建立品牌

开始构思你的营销计划并思考如何创造收入。

测试网站一段时间，也靠自由接案赚了一些钱后，你会更清楚地知道自己的生活风格事业要往哪个方向发展。找一个崭新的域名，要简短好记，然后你就可以以此域名打造新品牌。

现在如何创造收入就成了打造事业最要紧的事。即使你可以靠销售产品赚钱，你还是得在一开始就想办法卖广告。网上广告业务庞大，未来还会有更大发展。卖广告赚钱通常包括四种方式：

（1）点击付费——上谷歌 AdSense 注册，把一些代码贴到网站上，只要访客点击某一广告你就会有些进项。光靠 AdSense 的收入就足以让你获利并开心。

（2）联盟营销——签约并把代码发布到自己的网站上。只要访客购买东西，你就能抽取佣金。

（3）直接广告和赞助——有些公司的产品能吸引你的目标市场。这些公司付钱给你让你刊登它们的广告。当然，这在你的访客数量太小时很难做到。如果你能接触到属性非常专一或是常人难以触及的客户，这种机会可能出现。

（4）销售自己的产品——最难做但也是最赚钱的一种。当你的访客增加后，你可以换掉AdSense、联盟营销和广告，全部改放自己的产品广告。

关键思维

◆靠网络广告赚钱的关键是选择符合访客兴趣并满足他们需求的广告。你的广告愈能帮助他们，他们就愈有可能点击，从而让你有收入。

◆如何在网络上获得成功的要素一直在改变，而且往往不可预知。因此，我告诉你的不是以某种特定营销方式或你在网络上学到的吸引流量的“妙招”来打造你的事业。与之相反，你需要找出客户的真正需求，然后帮助他们。无论出现什么新的网络营销策略，或是有任何改变谷歌、脸书或亚马逊的势力进入市场，又或是出现新的法规、税收或保密制度，帮助他人永远是打造事业的铁则。即使你最喜欢的营销策略或产品策略突然过时了，只要你替人们解决问题并改善他们的生活，他们还是会成为你的老主顾并推荐亲友前来。

◆我们活在一个独特的时代——零售市场分解成利基市场，传统渠道不再能吸引观众的注意力。全球的消费者和企业以全新的方式重新调整他们的消费与购买习惯。这些根本的改变造成数百万利基市场出现，让你可以用自己的生活经验和兴趣，打造专属于你的生活风格事业。你可以在网上把拥有共同需求但得不到满足的顾客聚在一起，用有用且可获利的产品来满足他们。你今天遇上的挑战是如何找到你喜欢的利基市场，并在竞争对手发力前培养一批顾客。如果你做到了，在通往点击致富的生活风格事业的道路上，你便会大幅超前。关键是要马上就行动！

——斯科特·福克斯

赚到第一桶网络金

How I Made My First Million on the Internet

And How You Can Too!

原著作者简介

谢裕文（Ewen Chia），演说家及营销专家，从新加坡管理学院毕业后，于 1997 年开始学习并尝试经营网络事业。从 2002 年起，网络事业成为他的唯一收入来源。2007 年他着手创设自动网络收入公司以推广网络创业。他擅长的领域包括网络联盟营销、联盟管理、名单建立、电子邮件营销、产品开发及网络品牌经营。

本文编译：黄玩

主要内容

5分钟摘要

网络营销的要素

在很长一段时间，互联网被视为快速致富宣传花招的温床。这种看法真是可惜，网络实际上是商业史上威力最强大的营销媒介。如果经营模式运用得当，那么从无到有建立起网络事业，并使之成长为网络企业，是绝对做得到的。

从过去到现在，经过实践验证的经营模式一直有五个步骤：

（1）找出市场——每一家企业都要服务目标市场，你必须知道有谁愿意购买你的解决方案去解决问题。

（2）开发商品——把你的产品或服务定位成一项解决方案，然后到市场上销售。强调效用，而不是产品功能。

（3）吸引流量——吸引你目标市场中的潜在

顾客造访你的网站，接触你的商品。

（4）善用后续商品——在顾客向你购买之后，就要继续销售更多商品给他们。要向顾客提供绝佳的后续商品。

（5）复制——将现有的经营模式复制到其他市场，或是在同一块市场上供应更多产品。

要靠网络赚到你的第一个100万，甚至以后赚到更多个百万，就要运用上面的蓝图。所有在非网络环境中使用的经营和营销原则，同样适用于网络。你会发现，比起你已习惯的方式，网络营销其实更容易、更快速，也更具有成本效益，只是有时你要运用略为不同的方式。你还可以在保有自己正职工作的同时，发展网络事业作为额外的收入来源。科技使得许多网络上的工作都可以自动运作，这绝对不是坏事。

一 网络营销概述

作为一个商业媒介，网络确实有其独有的特质。网络是营销信息类产品的优越工具，你不仅可以在网上卖西，还可以在网上交货。人们在寻求解决方案时，通常会把信息看得比实体产品更重要。如果你能帮大家达成目标，事业就会成功。

任何经由网络提供产品或服务的事业，都可以称为网络事业。一些产品和服务可能以有形的方式交货，有些则以电子的形式。其共同点是销售通过网络而非其他方式进行。

如同实体事业，网络事业所使用的经营模式也有很多种。大体而言，网络事业可以归纳为下列两种：

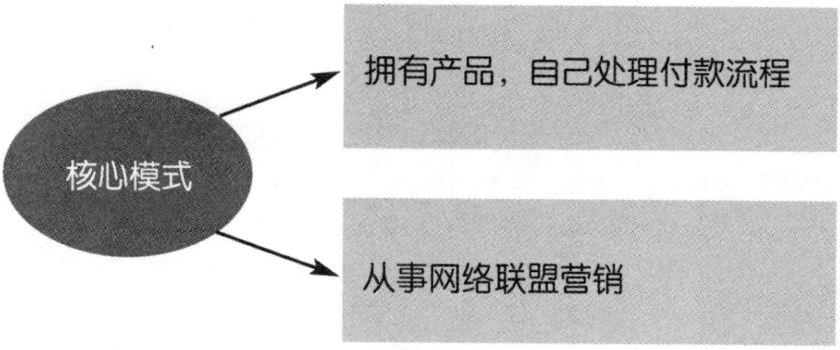

（1）如果你开发并拥有产品，那么你的收入将来自销售产品所得，跟实体事业一模一样。

（2）如果你从事网络联盟营销，则将通过推销他人的产品赚取佣金。你会介绍潜在顾客造访广告主网站，每有一位顾客购买他的商品，你就可以收取一笔佣金。

大多数人倾向于通过联盟营销来展开自己的网络事业，因为这种方式比较容易，而且没有成本。你要使用的所有工具，其费用都已经由开发产品的厂商支付了。从事联盟营销有以下优点：

◎没有固定成本。

◎不必开发产品。

◎不必操心交货或退费的问题。

◎不必处理付款流程。

事实上，要成功从事联盟营销，只要当一个高效率的信息提供者就行了。你要让消费者注意到那些他们自己找不到的产品，借此赚得佣金。由于不需要投注大量资金，这表示这行几乎没有准入门槛。你还可以在许多不同的利基市场做联盟营销。

因此，大多数人都倾向于从联盟营销做起。一旦成为能手和专家，许多人接下来就会转而开发产品，同时游刃于这两种模式之间，也就是一边销售自己的产品，一边推销他人的产品赚取佣金，这是绝对做得到的。接下来你还可以转型为导师的角色，把你过去的经营方法教给他人，赚取酬劳。

一般人往往以为网络上所有信息都是免费的。事实上，对于任何你想得到的主题，人们都会同时提供免费和需要付费的信息。在下列状况下，有人会愿意付费购买信息：

◎没有时间去寻找自己需要的资料。

◎马上就要用到这些信息。

◎需付费的信息比较齐全或比较有条理。

◎信息和自己热衷的主题有关。

大家会谈到的另一个议题是信息营销，可以简单描述如下：

联盟营销＋电子邮件营销＝信息营销

信息营销就是联盟营销与电子邮件营销的结合。你扮演信息提供者和顾客之间的中间人，用电子邮件来维系曾经与你往来过的顾客。你的老顾客资料累积下来就是网络营销人一直挂嘴边的名单。要渐进式地介绍新产品和服务给顾客，并按照所促成的生意赚得佣金，为所有人带来双赢。

可以成功做好联盟营销的四种交易工具是：

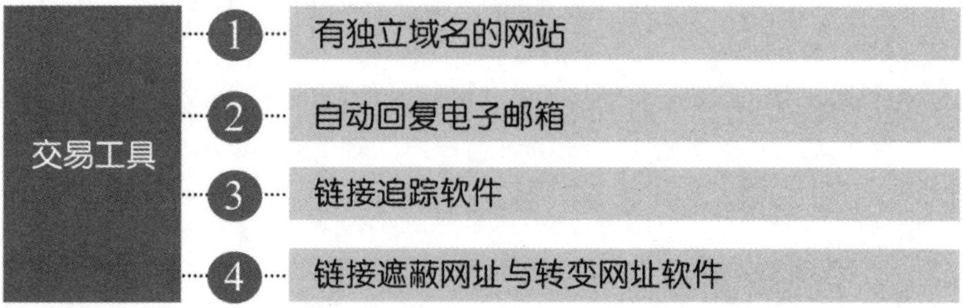

（1）有独立域名的网站——你能掌握自己经

营的事业。你的网站就相当于你推动未来所有网络营销活动的引擎。

（2）自动回复电子邮箱——后台执行程序，主机端是你自己或是互联网服务提供商的网站。自动回复电子邮箱会以你设定的顺序寄发电子邮件，并将你和网站造访者之间的信息交流自动化。自动回复电子邮箱还可以让你不用自己动手，就能进行后续跟进。

（3）链接追踪软件——另外一种后台执行的软件包。链接追踪可以记录你的网站流量来源，它能让你采用有效的做法，将效果不彰的广告停掉。确实了解自己的顾客来源，就可以测试不同的构想，将最有效的方式发挥到极致。

（4）链接遮蔽网址与转变网址软件——能将冗长的网址（即统一资源定位器的缩写，URL）转换成简短好记的网址。较短的网址对使用者来说较为便利，因此也比较容易被点击。让访客更方便地点击你缩短后的网址，他们就更可能照你说的去做。

这四项工具的主要技术，可以从网络上以各种不同的价格取得。只要学会操作它们，就足以着手进行联盟营销，或是在网络上销售你自己的产品。

关键思维

◆做生意需要抱持正确的心态。什么是正确的心态呢？就是要持续描绘成功的景象，绝对不容许脑中有失败的想法。网络事业跟其他任何事业一样，都需要投入时间和金钱才能茁壮成长。或许你在赚到第一个 100 万之后，就可以睡早一点儿，整天穿着睡衣工作。但是现在你必须振作，整理好自己的仪容，好好努力。

◆你无法开创根本不存在的市场。人气不佳往往是目标市场不适当所致，设定的市场可能过大或过小。如果你没有先进行调查研究就推出解决方案，就会冒着进入其实并不存在的市场的风险。你必须先锁定目标市场并判断市场需求，然后开发或是找出能够满足这些需求的产品。

◆你必须学习商界获利性最高的两项必备技能：撰写文案和营销。如果你具备了这两项技能，再加上市场存在高度需求，而你又能提供热门的产品或服务，那么这两项技能就一定会带给你梦想不到的财富。当你学会撰写文字，并学习推广和营销的方法，那么不论市场景气与否，你的财务状况都可以让你放心。

——谢裕文

二　找出市场

简单来说，你的目标市场就是你的潜在客群，也就是有发展性和获利潜力的利基市场。唯有找出渴求解决方案，愿意花一部分可支配收入去购买方案并且容易接触到的客群，才有市场可言。

要了解到底有没有市场值得你付出必要的时间和努力去服务，可以运用以下要素：

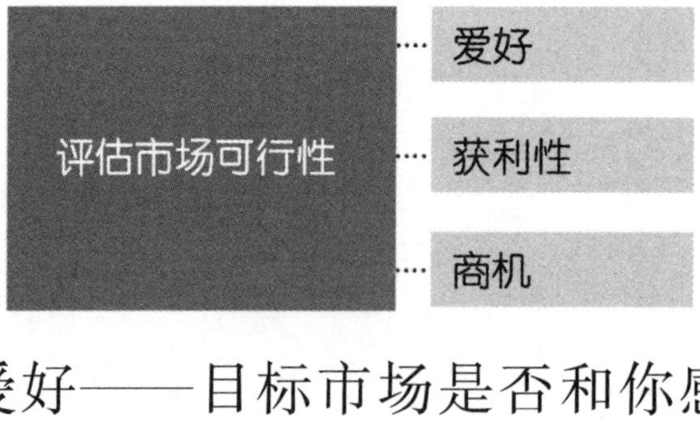

（1）爱好——目标市场是否和你感兴趣或热衷的事物相关？如果你选择的利基市场是自己感兴趣的，那么：

◎你应该已经相当了解该利基市场中的客群重视什么和不重视什么。

◎你很可能已经掌握了所有最新趋势和业界相关新闻。

◎你应该已经阅读并深入研究了所有和你利基市场有关的专业信息。

◎你很可能了解，也会使用该利基市场的专业用语。

◎你大概也已经知道，和你兴趣相关的市场需求如何。

要找出其他值得深入评估的潜在利基市场，可以问自己：

◎我已经消费过的产品有哪些?

◎最近有哪些新闻可以显示产品需求?

◎最近读到哪些激发构想的内容?

◎我的兴趣可以分成哪些次级市场?

如果已经有人在你的利基市场中销售产品或信息，并形成活跃的市场，那么你应该将他们视为正面因素，而不是阻碍。你可以仿效他们的做法。通常最好避免和已经有拥一席之地的业者硬碰硬，因此你可能需要找到不同的市场定位。如果竞争对手诉求的是大众市场，那么提供更优质或更高价的产品，可能就会有机会。

（2）获利性——向来取决于下列问题：

◎该市场中的消费者是否拥有可支配收入？

◎他们是否愿意花一部分可支配收入在你的商品上？

◎市场中是否已有这类产品？

◎这类产品目前的销售状况如何？

◎这类产品目前的价位是多少？

如果你找到一块目前没有人服务的市场，这其实应该是个警讯，因为它表示该市场可能存在你没注意到的因素，这和一般人的感觉是相反的。此外，市场中产品的品质或套装组合等，应该有各种等级和多样性。现有的市场愈活跃，你就愈有机会推出有吸引力的商品。

具获利性的可行市场具有下列明显的迹象：

◎现有市场中的业者会积极做广告推销他们的商品，这表示他们赚到了钱。

◎这块市场上的多样商品在 eBay 或亚马逊等网站上都很畅销。

◎这块市场符合社会的新兴趋势，可以利用 trendwatching. com 或 pulse. ebay. com 等网站来追踪这些趋势。

◎可以到 ezinearticles. com，goarticles. com 或 articlealley. com 等网站去看看有多少人发表和这块市场相关的文章。

可以上 adwords. google. com 或 featuring. com，去了解和这块市场相关的关键词的热门程度。

（3）商机——基本上就是看你的目标市场有多少机会可以利用。如果已经占据一席之地的业者正在销售各式各样的产品，这是好事，代表你也可以推出各种不同的套装组合。你甚至还有机会组成合资事业，和现有业者结盟，或是设法销售其他业者产品的附加商品。

一旦确认自己的市场构想可行，就应该选出前三大最有潜力的市场。你要大略估算出，你的目标市场是否可以进行后续产品销售。如果可供选择的套装组合有很多种，那就太好了，因为这表示你不必自行开发产品。

三　开发商品

消费者不会购买产品，只会购买解决方案。了解到所要解决的问题之后，就要专注于寻找或开发合适的解决方案。如果你能够在适当的时机，以适当的价位提供解决方案，那么你就有了具吸引力的商品。

要开发具有吸引力的网络商品，通常需要两个步骤：

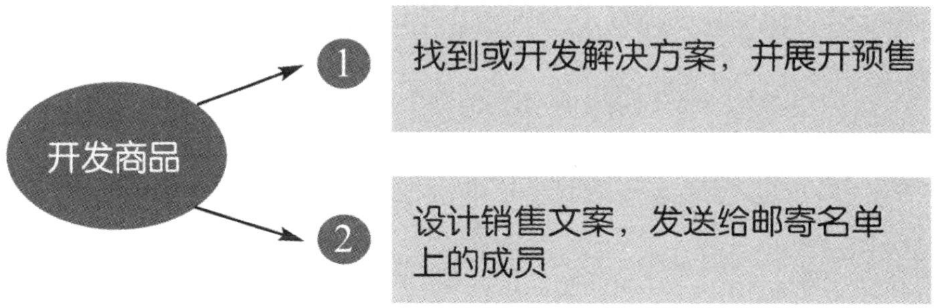

清楚了解到市场上存在某种急迫需求之后，你就可以着手找出你可以销售哪些厂商的现有解决方案（以赚取佣金），或者从头开始开发你自

己的解决方案。

从事联盟营销去销售他人的产品有一项好处，那就是你可以混合搭配不同的产品。你可以提供给顾客高端和低端的产品，也可以提供其他能给你带来经常性收入或剩余收益的产品。

切记，要寻找或开发最适合你未来顾客的解决方案，就必须非常熟悉市面上的现有产品。研究这些产品的销售文案并特别注意以下几点：

◎销售文案是否具有吸引力？

◎产品的效益是否明确且吸引人？

◎是否包括有力的促销方案及行动号召？

◎产品是否方便购买？

◎联盟营销的佣金如何支付？

◎所有通过联盟营销促成的生意，是否都会计算业绩？

在投入并正式开始联盟营销之前，应该先花时间确认一切是否都已就绪，而不是事后才做。切记，你也要设计自己的销售文案。当你研究那些产品的销售文案时，要注意其中哪些效益特别吸引你。或许你得先购买该产品作为评估的样本，看看在销售文案中是否有没提到的明显效益或有趣的地方。这些研究能够让你发现其他卖点，帮助你提出更完整更有针对性的解决方案。幸运的话，你甚至可能设计出直接诉诸目标市场的销售文案，效果还胜过原厂商。

在寻找或开发解决方案时，还应该开始吸引潜在顾客的注意，也就是要建立并维系邮寄名单，着手和未来要购买产品的顾客建立关系。

有几种方式可以做到这一点，不过基本上你应该准备扮演信息提供者的角色。要让名单上的人习惯于接收你提供的信息，这样你将来寄产品销售文案给他们时，他们就会比较愿意购买你提供的产品。

在建立关系的阶段，要寄发什么样的信息都可以，完全看你怎么去发挥想象力。你可以向名单上的成员寄送：

◎与他们所面对的问题有关的免费文章。

◎实际展示解决方案的视频。

◎免费报告或白皮书等赠品。

你如果把所有寄发的信息贴到博客上，就有一个可以持续吸引潜在顾客的地方。假以时日，你博客的文章就会成为预售过程中不可或缺的一部分。

预售之所以有效，是因为：

◎大多数人不会在首次造访某个网站时购买东西——必须造访多次之后才会愿意有所行动。

◎消费者通常都不喜欢直接的推销——他们每天都会自动拒收好几百个促销邮件。

◎在推销之前花时间建立关系，这会使潜在顾客相信你在销售之后会持续提供服务——而不是收了钱之后就消失无踪。

◎可以有较长的时间让促销方式最佳化并作调整——这在往后会让你的业绩大幅提升。

预售包括三个步骤：

(1) 建立选择性加入着陆网页——潜在顾客会看到的第一个网页，要以此抓住他们的注意力。你必须让人了解，加入你的名单后对他们有好处。

(2) 搜集你着陆网页造访者的电子邮件地址——方法是跟进提供有吸引力又迷人的培训内容，让造访者有充分且合理的理由加入你的名单。提供可下载的电子书、软件、某种网络课程等有吸引力的素材。简单来说，就是提供有价值的事物交换他们的电子邮件地址，并得到未来与他们联络的许可。

(3) 善用自动回复电子邮箱——自动寄发你承诺要提供的资料给名单上的成员。自动回复电子信箱是一种管理名单的软件工具，可以让你自动寄发、回复信件给名单上的成员，不需要自己一封一封发。你可以在自己的网站上安装自动回复电子邮箱的软件，或是利用外部服务厂商（例如 monsterresponse. com)，把软件挂在厂商的网站上。定期寄发后续的销售文案给名单上的成员，引导他们浏览你推销产品的促销网页。

要注意的是，你和潜在买家的关系始于你的选择性加入着陆网页，也就是你请他们提供姓名和电子邮件地址的地方。选择性加入着陆网页要简单明了，这样造访者才能清楚了解他们加入后情况会如何，从而很快决定要不要加入。要设计出能有效吸引人们的选择性加入着陆网页，应该纳入下列要素：

◎能够吸引人注意的醒目标题。

◎明确的条件和详尽的后续利益说明。

◎行动号召，也就是要对方采取的明确步骤。

◎显眼的成员申请表。

◎隐私权及个人资料保密的相关信息。

◎诱饵，也就是某种有时效性的方案。

◎简单而吸引人的版面配置。

造访者登陆、加入你的名单之后，接着就会

被导引到感谢网页，这是一项很重要的工具，有助于克服事后反悔的心情。利用感谢网页持续地与潜在顾客建立关系。适合纳入感谢网页的元素有：

◎别出心裁，而不是普通的感谢标题。

◎更多介绍你自己的信息，也可以放上照片。

◎更多关于你产品的信息。

◎你承诺提供的赠品。

◎你的联盟营销产品信息。

有个好方法可以吸引潜在顾客购买你提供的产品，那就是把产品和其他更具价值感的赠品搭配销售。如果你卖的是 99 美元的产品，就可以免费加赠价值 197 美元的网络课程。顾客购买 99 美元的产品又可以多得 197 美元的课程，这会非常有吸引力。别忘了，这些方案要有时效性，才能促使他们立刻行动。

要建立并维系电子邮件名单，有七项原则：

（1）立即跟进——立即履行你在选择性加入着陆网页中的承诺。所有让造访者点选的链接，都要显而易见。

（2）与成员保持接触——持续寄发有价值的资料，每星期至少一次。持续寄发绝佳的内容，就容易让成员想起你，并期待再次接收到你的信息。

（3）求取适当的平衡——你提供给成员的免费信息和销售产品的宣传资料，两者的比例要适当。一开始每6封电子邮件中包含1封销售文案应该是适当的，随后可以提高或降低这个比例。

（4）一定要有权威性——把自己定位成相关主题的专家，使自己成为可信赖的优质信息来源。

（5）化解被动——让成员习惯于采取行动。你可以展开调查，寄发让他们学习的教学视频，设立博客让他们彼此互动，或举行视频会议等。

（6）要让销售文案热门而新颖——确实通过

优质产品带给顾客极高的价值。向他们提供绝无仅有、有时效性的文案。

（7）定期整理邮寄名单——删除没有回应或被退信的电子邮件信箱。你甚至可以询问较少回应的成员，再次确认他们是否还有兴趣继续接收你的信息。名单中只留下最有兴趣回应的成员，不要让其他人不堪其扰。

四　吸引流量

找出对你商品最感兴趣的人群，然后吸引他们造访你的网站，这样你就有机会将他们从访客变为顾客。幸运的是，网络可以让你很方便地作市场调查。潜在顾客会通过他们搜索的关键词，自己找上你。

在网络界大家都很注重网站流量，因为它是所有网络事业的生命源泉。一般来说，有愈多人接触到你的商品，你的销售量就会愈大。要创造网站流量，你只需要了解三大原则：

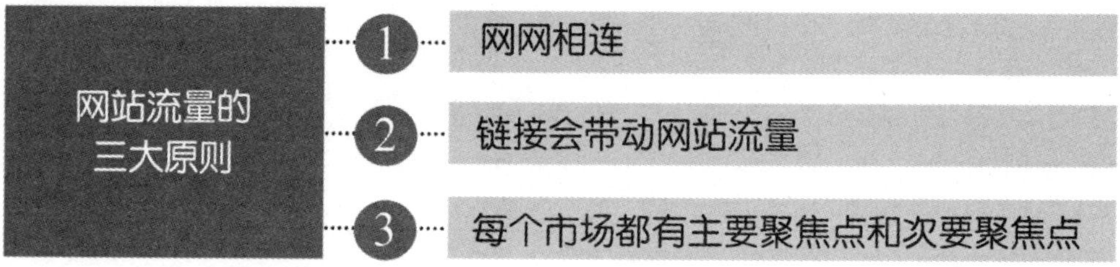

（1）网网相连——所有网站都会和其他网站

相连，形成小型的网络。访客通常会使用以下三种方法来找出自己有兴趣的网站：

◎在搜索引擎中输入关键词。

◎点选文章中的链接或是其他网站上的广告。

◎口碑推荐。

(2) 链接会带动网站流量——要吸引更多的网站流量，就要建立更多链接。可以利用以下方法：

◎知名网站上的付费广告。

◎其他网站或拥有名单者的推荐或引介。

◎和新闻通讯、产品评论及博客等建立链接。

(3) 每个市场都有主要聚集点和次要聚集点——当消费者想到和你相关的主题时，通常会造访的特定市场门户网站。找出你的潜在顾客通常会造访哪些网站，并善用其中的各种广告机会，你就能自然而然地创造源源不断的网站流量。事实上，和你能想到的特定市场门户网站建立链接，是非常理想的方式。每天设法找到一两个可以建立链接的新网站，你的网站流量就会稳定上升。

和一般人的想象不同，并非所有网站流量都有价值。要做成生意，应吸引积极寻找你解决方案的人，让他们造访你的网站。你要吸引的是会购买的顾客，而不是闲逛的访客。要做到这点，可以到 Google 等搜索引擎购买按次计费的关键词广告。当有访客键入关键词，显示他在寻找你这类产品时，你的广告就会即时出现在他们面前。然而这并不是创造目标流量的唯一方法，你还可以：

◎给产业杂志或工商名录投稿。

◎发新闻稿说明自己经营的事业。

◎撰写并发送免费报告等资料。

◎参与网络论坛或布告栏等。

◎成立并经营特定市场的社交媒体。

◎利用社交媒体的商机。

◎发布内含链接的文章。

具体而言，有 14 种战术可以用来提升网站流量：

（1）关键词广告——购买曝光机会，当访客在 Google、Yahoo!、MSN 等搜索引擎搜索特定关键词时，就会看到你。关键词广告可以让访客看见你的简短广告——有点类似分类广告，就显示在搜索结果旁边。只有在访客点选广告并链接到你的网站时，你才需要付费。

（2）横幅或文字链接广告——到已经有高流量的特定市场网站购买广告空间。横幅广告是均一价，你花钱买到的是广告时间，而不是广告成效。

（3）电子杂志广告——在网络杂志刊登广告。关键是要找到和你目标市场密切相关的杂志。

（4）文章营销——你可以写文章交给其他人

发表。提供优质而有用的信息可以让你提升自己的品牌知名度，并让人们了解你的商品。你发表的文章愈多，你的专家形象就愈鲜明。

（5）市场论坛及社交媒体——找到和你目标市场或利基市场直接相关的网络社区，积极参与正在进行的讨论。你可以在每一篇帖子下方的签名档中，放上你的网址等详细信息。

（6）发新闻稿——发给联合供稿服务商。这些内容会被传送到订阅各种新闻的网站。

（7）刊登分类广告——在 craigslist. org、sell. com 或 usfreeads. com 等网站刊登广告。

（8）利用社交网站的科技——为你自己和你的事业建立“个人档案”。如果你能制作出吸引人的内容，大家就会上你的网站去进一步了解。

（9）善用有病毒式传播效果的视频和播客——用音频或视频提供有用的信息来吸引访客注意，再鼓励他们造访你的网站以进一步了解。

（10）借用热门博客的流量——针对某些帖

子发表回应或评论，借此吸引读者也到你的网站上看看。

（11）借用亚马逊等知名网站的流量——通过张贴评论、撰写产品评论及回答问题等方式，帮大家解决问题，顺带告诉他们可以上你的网站进一步了解相关信息。

（12）利用信息聚合技术将博客帖子散播给更多人——利用简易信息聚合技术，让其他网站可以直接引用你的内容。

（13）撰写免费报告，以期取得病毒式传播效果——能够在特定社交媒体中一传十，十传百。如果访客读了这份报告也喜欢它的内容，他们就会登陆加入你的邮件列表，取得往后的更新资料和其他内容。

（14）善用搜索引擎最佳化——尽可能在搜索引擎的搜索结果中得到最高排名，但不要对此过于执著。做好所有基本事项以得到较高排名就可。如果搜索引擎演算法的改变把你从最高排名踢下来，也不必感到烦恼，这是常有的事。

从实际操作上来说，要为网站创造流量，其实只有三种方法：

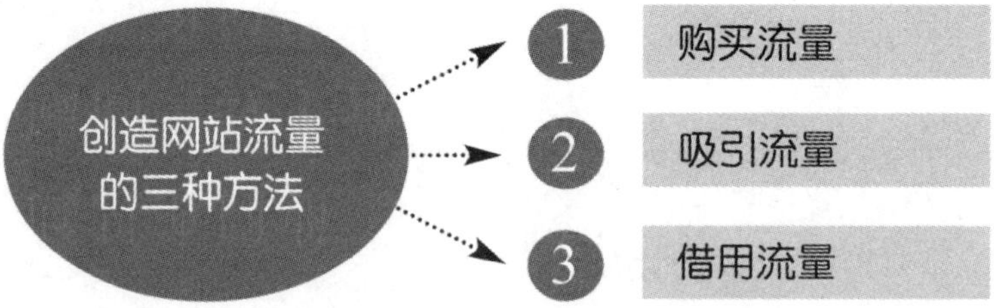

（1）购买流量指的是利用关键词广告、购买网络杂志广告、在其他知名网站刊登横幅广告或是付费购买分类广告。

（2）吸引流量则是指制作内容供他人使用、发新闻稿、参加论坛，以及运用有病毒式传播效果的报告和视频。

（3）借用流量则是指善用其他网站已经创造的流量。方法有：和其他拥有名单者建立合资事业、在流量高的博客张贴评论，或是提供产品给其他业者，让他们在推出重要产品时把你的产品整合进去。

拟定一份你自己的流量计划，说明要如何吸

引访客到你的网站。有些流量是短期的（着眼于立刻带动业绩），而有些流量则是属于比较长期的（为了将来的生意建立关系）。如果你想一次运用所有战术，则可能落得一事无成，因此在一开始就要谨慎选择。

要拟出真正适合自己的流量计划，先拿张白纸写出以下问题的答案：

◎我想先运用哪三种免费的方法创造流量？

◎我想先运用哪一种需付费的方法创造流量？

◎要采用前四种方法创造流量，要花多少时间？

◎要采用我所选择的付费方式创造流量，要花多少钱？

◎我自己每天可以投入多少时间去创造流量？

◎我用来创造流量的预算总共有多少？

回答完上述问题之后，就可以静下心来，好

好拟定务实且可长期运用的计划，以吸引访客造访你的网站。先以自己擅长的方式起步，然后再以此为基础逐步扩大。显然，如果资金不充裕，你大概会先用免费的方法创造流量。如果你预算充足，则很可能运用付费广告快速冲流量。

创造流量的关键，常常是少做一点儿，而不是多做。挑选出 3～4 种看来有效的方式，彻底实行并持续密切观察你的投资回报率。在做任何新的尝试之前，要先学会熟练运用你一开始选出的这 3～4 种战术。密切注意购买你商品的顾客是被哪些战术吸引过来的，然后对有效的战术多加应用。无论如何都不要认为应该多采用几种战术，那很可能使自己根本无力应付。展开行动，学会一次熟练运用少数几种战术，追踪并了解其成效优劣之后，再陆续加进更好的新方法。另外别忘了随时注意你的竞争对手，了解他们采取哪些方式搜集潜在顾客名单。这或许可以给你提供一些值得一试的点子。

五 善用后续商品

成功做成第一笔生意之后，就要设法说服顾客购买更多商品。你的带路商品可以吸引顾客上门，但是后续商品才能让你赚得更多。所有成功的经营模式都能够长期给顾客提供更多后续商品，充分发挥顾客的终身价值。

要从来没有见过面的消费者通过网络和你往来并不容易。假使你能做到这点，那实在是相当大的成功。所以你要把握机会，继续销售更多商品给现有顾客，不要白白错过商机。为你的网络事业开发有吸引力的后续商品，意义就在这里。

要开发有获利潜力的后续商品，应该：

（1）找出其他可以提供给顾客的联盟营销方案——你认为他们可能有兴趣的相关产品。通常你可以每个月向名单上所有成员推销1～2种额外的联盟营销产品，这样做不至于让他们对你的促销产生反感。

（2）推出可以产生剩余收益的方案——让顾客按月付费以取得更多优惠方案及资料。如果这项剩余收益方案和顾客感兴趣的领域直接相关，你和顾客的关系就会变得更有价值。

（3）尝试不同的价位——推出向上促销的选项，搭配比原来方案更优质的内容，提供高价产品。你也可以视顾客对原有产品的接受程度，考虑提供定价较低的低端产品。对卖得最好的产品，则可以考虑用类似的价格来提供更多后续商品。

大多数网络业者发现，推出后续商品方案的最佳时机，是在初次交易后大约 1 个星期。看来，要推出后续商品方案，最好是趁他们还注意你的时候，这样你就有机会顺利地将顾客的注意力转到下一个产品。

如果你第一个产品的促销重点是让潜在顾客

认识你，那么你在销售附加产品时，重点就摆在加强彼此的关系上。每一项促销活动都必须考虑再三，并且要互相整合。至于后续产品，则应该带给顾客更高的信息价值。别忘了，你还可以应用多媒体。如果你原来的产品只有单一形式，后续产品则可以用完全不同的形式。有多种可能性值得你好好考虑。

关键思维

要勇于投入资金在自己的事业上！许多新手的通病是在营销上没有尽心。他们在见到具体成效之前，不愿意投资任何经营工具。问题是，除非你认真经营自己的事业，否则你将永远无法得知目标市场真正的获利潜力。每个月花 40～50 美元，你就可以取得所需的一切工具。

——谢裕文

六 复制

在事业发展稳定之后，就要运用网络上现有的工具让它自动运作。然后针对全新的潜在客群，寻找他们有待解决的新问题。这样，你就可以涉足更多市场，开辟多重收入来源，营业额甚至可能达到数百万美元的水准。

成功建立网络事业并展开运营之后，接下来就该开始复制你自己的成功模式。让现有的业务自动运作，然后一再重复下面的几个步骤：

◎寻找新的利基市场。

◎密切锁定该利基市场，开发商品及解决方案。

◎吸引流量到你的新商品。

◎开发后续商品，让你从现有的业务中创造额外收入。

在你思考这些事情时，必须回答以下问题：

◎是进入密切相关的细分市场，还是从已经熟悉的市场转换到完全不同的市场？

◎未来可以锁定哪些最具获利潜力的市场？

◎是在新市场销售同类型的产品（或许是电子书），还是尝试销售完全不同的商品（例如软件、视频或实体商品）？

◎你决定排除在第一次经营时碰到的哪些障碍？

◎你曾获得哪些专业知识和能力，可以使这次的新事业发展更顺利？

◎你愿意从现有获利中拿出多少比例做投资，以创造第二个收入来源？

如果你的第一个事业是从事联盟营销，那么你很可能希望转向开发产品。这样做至少有两大好处：一是你可以把新产品作为现有业务的后续商品；二是你可以通过现有顾客的反应，了解到他们愿意购买什么样的产品。从现有顾客身上寻求新点子，你就有机会开发出获利潜力高的商品。除此之外，你的现有顾客还会在你提供新产品之前就表现出购买意愿。

只要结合三项基本要素，就可开发新产品：

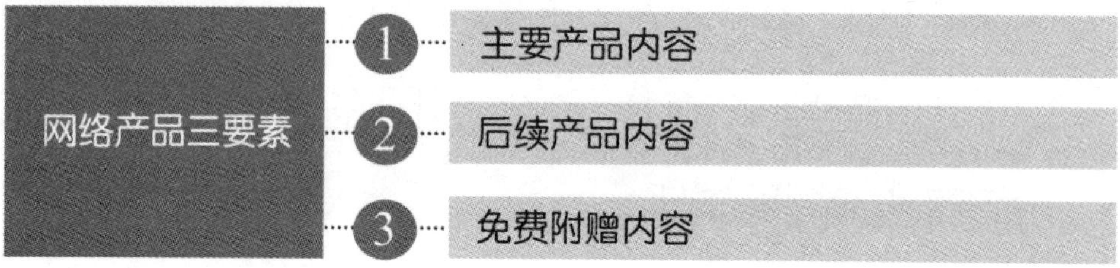

每一项要素都有各式各样的内容可以整合，例如：

◎PDF 格式的文件。

◎访谈录音。

◎播客订阅服务。

◎教学视频。

◎软件（通常是供下载的程序）。

◎自创内容的转售权及自有品牌商标权。

◎报告或白皮书。

◎网上课程、视频或网络研讨会。

◎免费或需付费的会员网页。

◎免费或需付费的博客。

你可以独力开发自己的网络产品，或是与合资事业伙伴合作开发。可以组合多种产品，然后视情况混合搭配三要素。如果你同时以书籍、CD和视频的形式推出产品，你就可以提升产品的整体价值感。

要真正加速成功，你还必须建立属于自己的联盟营销方案，让其他人为你销售产品。或者你也可以在现有的销售渠道中，放上加入联盟营销的选项，将现有顾客转变成你的联盟营销会员。要建立属于自己的联盟营销方案，必须做好以下事项：

（1）新的域名——特别为你的新网络产品所设立。

（2）现成的新产品促销网页——趁着新联盟营销会员热度还很高的时候，让他们输入个人资料并立即开始行动。

（3）选择性加入着陆网页——联盟营销会员

可以借此获得潜在顾客名单，并建立自己要后续跟进的名单。

（4）独立的联盟营销会员申请网页——让会员可以从这里起步，打好基础。

（5）销售文案的所有要素——你的主要产品、后续商品方案、用以获得潜在顾客名单的免费赠品、仅此一次的方案、向上促销方案等。在开始吸收联盟营销会员之前，必须先规划好完整的产品结构。

（6）联盟营销会员激励奖金的相关细节——说明初次销售、后续销售、向上促销等销售业绩的计算方式。你提供的佣金架构愈大方，联盟营销会员的动力就愈大。根据经验法则，大多数联盟营销会员会希望所促成的每一笔销售，至少能有50%的佣金。

（7）追踪及处理付款流程的方法——包括付给联盟营销会员的佣金在内。ClickBank（clickbank.com）已经建立一套联盟营销的付款方案，很适合使用。另外还有几家服务供应商，也值得你研究和尝试。

既然你的联盟营销会员都有自己的事要忙，那么就有必要给他们提供联盟营销的工具包，内含推销你产品所需的工具。在这个工具包里可以加入各式各样的内容，例如：

◎横幅广告样本，让他们可以直接剪贴使用。

◎可供他们使用的电子邮件范本。

◎专门用来在网络杂志上刊登的广告。

◎现成的分类广告。

◎建议用在关键词广告上的关键词。

◎可供转发给他们名单成员的报告。

◎可能用到的图示及图片。

◎建议用于 Google 关键词广告等处的文字链接。

如果你把各种用来宣传自己网站的文案原封不动地提供给联盟营销会员，他们就可以轻松起步。你可以把所有文案都放在自己的网站上供人下载，让他们可以在需要的时候取用。你也可以加上一些链接，指向他们会用上的其他资源。

目前市面上有各种各样的工具，可以让你的网络事业完全自动运作。你所要进行的一切事务，都可以自动完成，例如：

◎你可以把取得潜在顾客、销售、后续跟进、交货以及联盟营销会员登录等事务，完全交由自动回复电子邮箱负责。

◎只要运用 ClickBank 等服务商，联盟的付款流程和管理都不需要你亲自处理就可以完成。

◎你可以建立联盟营销的链接，自动引导潜在顾客从初次销售、仅此一次的方案、后续升级商品销售，一路到搭售产品的销售。只要设计好所有文案，再把各种文案一个接一个发送出去，不需要亲自操作，就能持续带来源源不断的新顾客。

◎如果你拥有产品，就可以将你的顾客变为

联盟营销会员，不需要你花力气去经营，他们可以帮助你创造大量流量。

不可否认，这些工具多少都会有一些毛病，你必须善加管理，让它们运作顺畅，但是你的大多数时间还是可以用来开发更多收入来源。你会接触到各式各样的可能性，也会有许多机会可以将获利转投资于其他网络事业，这是非常美好的境界。有了多种来源带来的稳定收入，你就可以掌握自己的命运。人生充满无尽的可能！

关键思维

◆在网络上要真正赚到钱，不能只靠一项业务。你听说过那些大师和超级联盟营销会员是如何操作的吗？他们赚大钱都不是只靠一种产品或经营模式。丰厚的利润来自多种收入来源。现在到处都是赚钱机会，只要你发挥想象力就可以赚到钱。任何东西几乎都可以用来赚钱。你从现有流量中挤出的收入，绝对超乎你的想象。

◆要成功经营网络事业，你就必须专注投入并持续行动，还要有周全的规划。你需要有市场、销售文案、目标流量，以及有获利潜力的后续销售商品。你还必须学会测试各种方案，并追踪其成效。你必须去了解哪些方式有效，哪些方式无效。即便只是在文案、流量上作些微调整，都可能大大提升你的获利。只要你提供的是大家真正想要并且愿意付费的产品或服务，你就能赚到更多财富。因此要去找出消费者真正想要什么，以及他们愿意付钱购买什么。答案俯拾皆是，不论在网络上还是现实环境中都一样。

——谢裕文